identity color

by junichi nomura

誕生色事典

「色の秘密」366日

野村順一

文春文庫 PLUS

四季の色彩イメージ

日本人の色彩観は、季節の移り変わりで育《はぐく》まれたといえるでしょう。春は夢のように淡く、夏は強い太陽と涼しさに、秋は錦織りなす紅葉と荒寥《こうりょう》とした枯れ野、冬は凍《い》てつく空と白一色の雪原に。このような四季の色を、日本人は古くは平安時代から十二単《じゅうにひとえ》、五衣《いつつぎぬ》に反映させていました。

春はパステル調（明色と中間色）で、ピンクと緑がシンボルカラーです。ラベンダー、クリーム、ペールグリーン、ペールブルーなど淡い明色を連想させます。

夏は鮮やかな色彩系（純色と明色）、黄と青がシンボルカラーです。白、水色、ターコイズブルー、琥珀《こはく》色、リーフグリーン（木の葉色）などを連想させます。

秋は濃い深みのある暗色系、橙《だいだい》と茶色がシンボルカラーです。枯れ葉色、ベージュ系、レンガ色、モスグリーン、マルーン、黄土色、からし色などを連想させます。

冬は灰色がかった中間色系、それに赤と黒がシンボルカラーです。冬は赤と黒のほかに白、シルバーグレイ、濃い茶色、金茶色、シルバーホワイトなどを連想させます。

12カ月の色彩イメージ

1月　黒または白
2月　濃い青
3月　灰または銀
4月　黄
5月　薄紫
6月　ピンク
7月　空色
8月　濃い緑
9月　橙または金
10月　茶
11月　紫
12月　赤

凡例

5／6

❶

❷

直観力
優しさ
アイデア

❸

フォゲットミーナットブルー

わすれなぐさの花の色　forget-me-not blue

❹

たぐいまれな直観力で才能を発揮する才人

❺

たぐいまれな直観力に恵まれ、芸術の世界から企業経営の領域にわたって勘がさえているのです。次々とアイデア、画像、形状、所作を生み出します。そこでいつも「新しさ」を創出するのです。とても優しい才人です。フォゲットミーナットブルーと相性のよい色は色味のある色のパステルトーン、向いている職業は舞踊家、企業の商品開発などです。

❻

例〉その人は舞踊家です。祖母の期待に応え、亡き父の遺志を胸に、舞踊界にさっそうとデビューする日も間近です。天性の素質と大きな器量を持っています……。

❶ 誕生色
❷ 人格を解くキーワード
❸ 誕生色
❹ その人の特徴
❺ 人格のヒント
❻ 例

注

1月から12月までの「誕生色カレンダー」各色の下にあるデータは、その色を印刷するための基本インク4色の割合を%で示しています。4色とは、M（マゼンタ・冴えた赤紫）、Y（イエロー・冴えた黄）、C（シアン・冴えた緑味の青）、B（ブラック・黒）です。印刷には細心の注意をはらい作業を進めてきましたが、インクの状態、紙質などさまざまな条件の違いにより起こる多少の誤差につきましては、現段階では避けられないことがあります。また誕生色の表現はすべて固有色名を採用しました。

序　幸福を呼ぶ誕生色

本書は一年３６６日の一日毎の「その日の色」である「誕生色」をきっかけに「自分色」を見つけ出し、今までに気づかなかった自分自身を知るための、人間学の輝きと深さに満ちた事典です。読めば読むほど、色彩の持つ最もひそやかな香りから、最も重い、果実の豊かで偉大な味わいにいたるまで、いわばすべての人生がこの中に凝縮されているように思われてくることでしょう。

現代人は約2万年前に生まれたといわれています。その起源より人類は芸術と技術を美しく磨き上げるため、動植物からの抽出物や土などといった自然が提供する色彩をひたすら役立ててきました。ある学者は「石器時代の人類は、太陽は黄、火は赤、空と水は青と関連づけていた」といっています。これらは最も古い色彩連想で、私たちの潜在意識のパターンに、ぬぐうことのできない普遍的な印象を刻みつけました。

それぞれの色彩には自然や、歴史、民族的な背景を伴うイメージがあります。日本人の色彩観に特徴的なのは、世界的にみてもまれなはっきりとした四季の変化に根ざしている点です。人間は1千万色もの色の違いを見分けることができます。本書では、著者の長年の色彩研究の成果と膨大なデータをもとに、日本の四季折々の美しい風景を受け止めながら、そのような色彩の中から366色を選び「誕生色」としました。本書では水色、草色、桜色のように普通名詞に色をつけて呼ぶように考えられた「固有色名」を使用しています。

また色彩には人の生理や感情にはたらきかけて連想させるイメージがあります。色彩のはたらきかけに対する反応は、個人個人でまったく異なります。正確に言うならば、人間はもっぱら自分が本当に好む色、すなわち「自分色」(Identity color)にのみ反応します。しかしながら、驚くほど多くの人が自分色を知らずにいます。そんな人がひとたび自分色を発見したとすれば、その人のセンサーは新しくなり、運命は好転し、幸運を呼び込むことができます。たとえどんなに些細な自分色の発見であっても、それが次々と広がっていき、想像もできないような新しい世界が開けていくことでしょう。

自分色を知るということは、あなた自身を知ることです。自分色はあなたの成長とともに日々刻々と変化しています。あなたが今求めるその日の色が、本当の自分を映し出す自分色なのです。

あなたが生まれたその日の色が誕生色となり、自分色の歴史がスタートします。まず自分色のルーツともいえる誕生色を本書であたってみてください。そこに書かれていることに思い当たることもあれば、そうではないと感じることもあるでしょう。違うと感じる部分こそ、今まで気づかなかったあなた自身や忘れ去った過去のあなた自身なのです。

本書ではそれぞれの誕生色を持つ方へのメッセージやキーワードとともに、その人の中に秘められた可能性をショートストーリー風にまとめ、文末に掲載しています。一見何の関係もなさそうなこれらの人々のなかに、あなた自身を再発見する何かが隠されているかもしれません。

誕生色や自分色がわかると、それらをファッションやインテリアなどに応用したくなるものです。そのコーディネートの際に参考となるように「相性のいい色」を掲載しました。さらに応用すれば、人との相性にも役立つことでしょう。また、それぞれの誕生色を持つ方に向いた職業も記しておきました。

ここでひとつ注意していただきたいことは、本書に記したことは唯一絶対的ではないということです。人は自分の意思によって、こうありたいと思うような理想の自分になることができるものです。たとえそれが、現実的に不可能なことであっても、限りなく近づくことはできるはずです。常に積極的な姿勢を持ち続けることです。

また、誕生色をもとにあなたの周りにいる人たちを理解し、よりよい人間関係を築くために本書は役立つことでしょう。

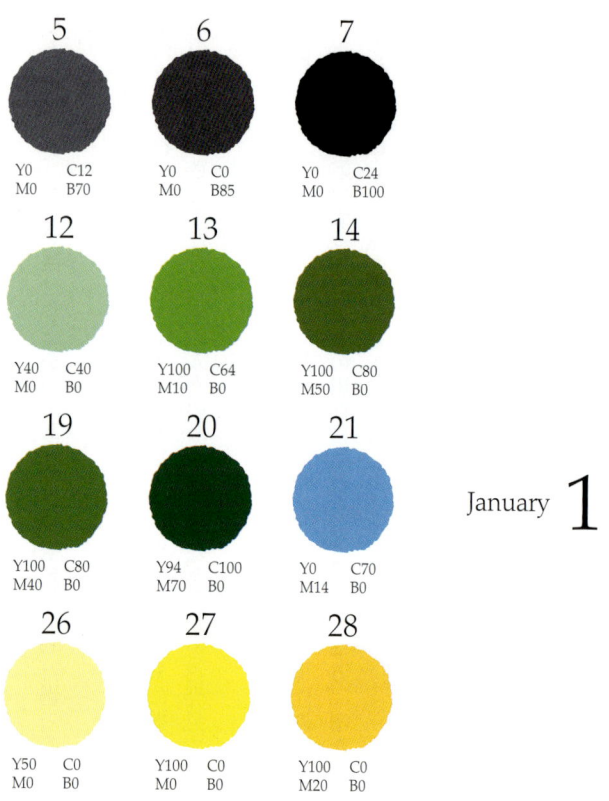

January 1

5	Y0	C12	M0	B70
6	Y0	C0	M0	B85
7	Y0	C24	M0	B100
12	Y40	C40	M0	B0
13	Y100	C64	M10	B0
14	Y100	C80	M50	B0
19	Y100	C80	M40	B0
20	Y94	C100	M70	B0
21	Y0	C70	M14	B0
26	Y50	C0	M0	B0
27	Y100	C0	M0	B0
28	Y100	C0	M20	B0

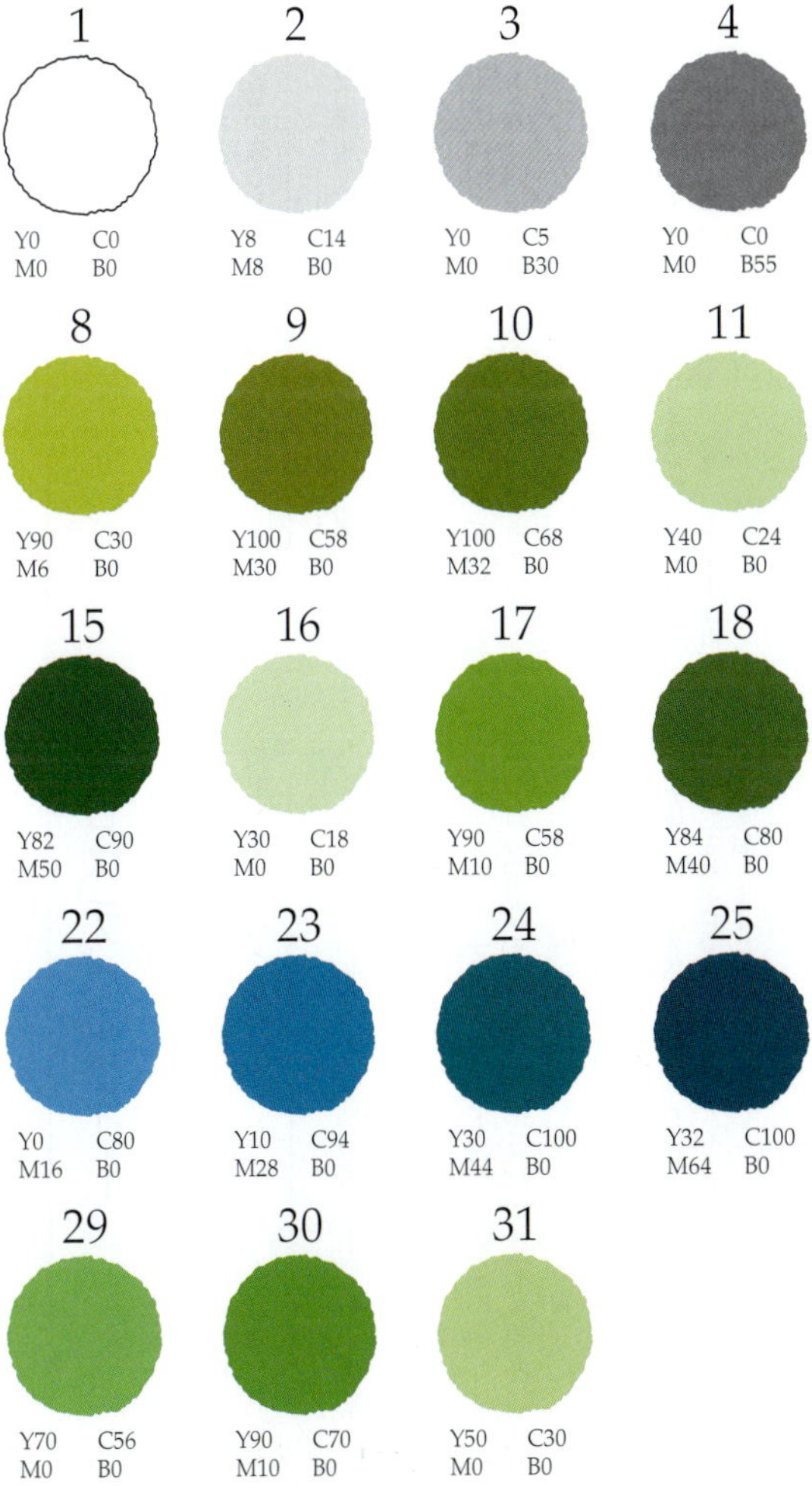
1
Y0 C0
M0 B0
2
Y8 C14
M8 B0
3
Y0 C5
M0 B30
4
Y0 C0
M0 B55
8
Y90 C30
M6 B0
9
Y100 C58
M30 B0
10
Y100 C68
M32 B0
11
Y40 C24
M0 B0
15
Y82 C90
M50 B0
16
Y30 C18
M0 B0
17
Y90 C58
M10 B0
18
Y84 C80
M40 B0
22
Y0 C80
M16 B0
23
Y10 C94
M28 B0
24
Y30 C100
M44 B0
25
Y32 C100
M64 B0
29
Y70 C56
M0 B0
30
Y90 C70
M10 B0
31
Y50 C30
M0 B0

1/1

純白

純粋
優雅
シンプル

心の美しい底しれぬ魅力を持つ人

純粋な優雅さにあふれ、知的に洗練されていて、それでいて、底しれぬ魅力をたたえています。過剰な装飾を好まず、シンプルな服装で充分に魅力を発揮します。純白はすべての色と調和します。向いている職業はフラワーデザイナーや操縦士などです。

例》その人はマイアミで訓練を受けたヘリコプター・パイロットです。アメリカではどんな小さな空港でもパイロットのトレーニングセンターがあります。その人を見ていると生き方などと大げさにいう必要はなく、おもしろいと思ったことをすればいいのだと感じます……。

1/2

フロスティホワイト

感性
論理
清浄

霜の色のような白　frosty white

美学的な思索のとりこ

感性が豊かで、明晰な論理の持ち主です。繊細でとらえがたい何かを隠し持っている、純粋な芸術家タイプで、人を感動させる表現力があります。フロスティホワイトと相性のよい色はすべての色味のある色、向いている職業は調香師などの香りに関する仕事や詩人などです。

例》その人はポプリづくりの第一人者です。ポプリとの最初の出会いは10代半ばに『赤毛のアン』を読んだときです。その中の〝雑香〟という言葉に強く引かれました。英語で〝ポット・プーリ〟と呼ぶ雑香が〝ポプリ〟として日本に定着したこともそのとき知りました……。

1/3

シルバーグレイ

勇気
バランス
経営力

明るいグレイ　silver grey

愛情にあふれた気高い心の持ち主

優しさと愛情にあふれ、勇気と完全性をプライドとしています。日常生活では感情の浮き沈みも少なく、バランスを保ち、細かいところにも神経を使います。すぐれた経営力を発揮して高く評価されますが、オーバーワークには要注意。シルバーグレイと相性のよい色はすべての色味のある色、向いている職業は会社経営者や税理士、公認会計士などです。

例》その人は人材派遣会社の社長です。その人のいるオフィスは華やかで活気があります。登録社員のトレーニングがしっかりできているので、派遣先企業の評判も上々です。会社はどんどん発展していきます……。

1/4

アルミニウムグレイ

明るさ
ユーモア
エネルギー

aluminium grey

恐れを知らない明るい挑戦者

明るく、会話は機知とユーモアに満ちていて、周囲を楽しい雰囲気でつつんでくれます。エネルギーをいたずらに消耗させず、常にバランスを保つことができます。アルミニウムグレイと相性のよい色はすべての色味のある色、向いている職業は演奏家やラジオのパーソナリティーなどです。

例》その人は琴奏者です。音楽を理屈ではなく感性で受け入れ、ジャンルにとらわれずジャズ、ロック、クラシックなどをバックに演奏しています。これに満足することなく新しい試みは続きます……。

1/5

直観力
洞察力
潜在力

スチールグレイ

鋼鉄《はがね》のような青味を持つ暗いグレイ　steel grey

機転のきくしっかり者

生まれつき透徹した直観力に恵まれ、ものごとの本質を見透すことができます。学問上の広く体系的な諸問題を新しいとらえ方で考えることができる充分な力を持っています。スチールグレイと相性のよい色はすべての色味のある色、向いている職業は通訳・翻訳家や外国文化の研究者などです。

例》その人は通訳・翻訳家です。手がける仕事は、企業間の商談、国際学術会議からファッションやスポーツのインタビューに及びます。物理学やテクノロジーなど専門知識がないと理解できない内容もあり、語学以外の勉強も必要です……。

1/6

倫理観
スピード感
冒険心

葡萄鼠《ぶどうねず》

灰色味の青紫

新しいドラマチックな生活の実践者

心身ともに健全で、感受性が強く、気高い知性から生まれる崇高な倫理観を持っています。冒険心が強く、常に新しい生活のしかたとリズムを生み出します。葡萄鼠と相性のよい色は色味のある色の純色です。向いている職業はスポーツ選手やツアーコンダクターなどです。

例》その人は女性カー・レーサーです。もともと車が好きで高校時代からレーシングチームに入り腕を磨いていました。現在は女性ではただひとり、F3に乗るレーサーです。25歳のとき、4位に入賞するという快挙を成し遂げました……。

1/7

漆《しっ》黒《こく》

理想
創造力
独立心

希望と夢を忘れない情熱家

気高い理想を抱き、崇高な感動を求め、流行、習慣、伝統などの秩序の束縛を絶ち切る力を持っています。人から神秘的に見られることを願い、高貴さと威厳とを漂わせます。漆黒と相性のよい色はすべての色味のある色、向いている職業は心理学者や新聞記者、タレントなどです。

例》その人は芸術心理学者です。芸術と科学は共存しにくい性質を備えています。しかし、その人は心理学の方法のひとつとして芸術を通して人間の文化や社会、それに思想まで考察しています……。

1/8

シトロンイエロー

強い緑味の黄色　citron yellow

宗教的感情
宇宙的構想
田園的叙情

自然を愛する叙情家

生来の神秘的感情にあふれ、美を受け入れる感性にすぐれています。広大無辺の宇宙的な考えを持ちながらも、田園的な叙情性をあわせ持った素朴な人柄です。シトロンイエローと相性のよい色は暖色系の明色、向いている職業は画家や舞台美術家、占い師などです。

例》その人は洋画家です。その人の絵画的手法に啓示を与えるものは「水の運動や気まぐれなそよ風の描く曲線のたわむれ」です。その人の作品には雲、霧、風、海、波、水、匂い、音、光……のような不定形な流動体が多く使われています……。

1/9

才気煥発
神秘性
創造力

苔《こけ》色《いろ》

にぶい黄緑

人の温かさを感じられる優しい人

年少時からひらめきがあり、強い神秘的傾向があります。生まれ育った環境からくる節度と人を喜ばせる心意気があります。また、発明に関して非凡なものを持っています。苔色と相性のよい色は暖色系の明色です。向いている職業は会社経営者や古美術商などです。

例》その人はソフト会社の経営者です。「音楽でも芝居でも、その重要なファクターとして〝間〟というものがあります。会社の経営だって同じです」とその人はいいます。持って生まれたセンスというか、生まれながらに見事に〝間〟を心得た人といえます……。

1/10

英知
芸術
洗練

草色

広大な感情世界の持ち主

英知のひらめきがあり芸術に対する深い理解力もあります。また、感動、優しい情緒、歓喜、悲哀など広い感情の世界を持っています。この色は地球で最初に出現した色といわれています。草色と相性のよい色は暖色系のパステルトーン、向いている職業はバレエダンサーやピアニストなどです。

例》その人はバレリーナです。トウシューズを脱いだその人は、どう見ても普通のお嬢さんです。でも今年の冬には『白鳥の湖』で主役のオデット姫を堂々とこなし、今やバレエ界の期待の星です……。

1/11

ミストグリーン

柔らかい感じの緑　mist green

新しい時代をつくる才能あふれる人

精神が崇高で、誠意と情熱があり、現代を代表するような人柄をつくりあげています。非凡な才能がありながら、努力も怠りません。ミストグリーンと相性のよい色は暖色系の明色、向いている職業は舞踊家や囲碁・将棋の棋士などです。

例》その人は女性狂言師です。著名な狂言師を父に持ち、生まれたとき、すでに環境として狂言の世界があったのです。「自分自身の人間性をふくらませないと、役もふくらまない。普段の生活でもアンテナを張って、常に広く何でも吸収するよう心がけています」とその人はいいます……。

努力
才能
勇気

1/12

白緑《びゃくろく》

日本画の絵の具の色名で薄い緑

気品
外交
洞察力

思い切りのいいチャレンジャー

気品に満ちていて、人間関係を大切にします。相手の話に心から耳を傾けますが、仕事上の駆け引きは抜群で、その外交的手腕は高く評価されています。真贋を見分ける眼《まなこ》を持ち、確かな洞察力があるだけでなく、深い愛情の持ち主でもあります。白緑と相性のよい色は暖色系のパステルトーン、向いている職業は園芸家や小中学校の教師、外交官などです。

例》その人は園芸家です。英語で植物と相性のいい人のことを「グリーン・サム」といいますが、その人はまさにそういう人です。「その植物に合ういい鉢がないときは直接窯元に頼みます」とその人はいいます……。

1/13

パロットグリーン

オウムの羽毛の鮮やかな緑　parrot green

行動力
謙遜
沈着冷静

輝く機知に富んだ人

慎みの心がありながら、仕事では沈着冷静に振る舞い格別の有能さを発揮できる人です。仕事を効率的に仕上げ、回転を早めるので、しばしば重荷を負うことがあります。パロットグリーンと相性のよい色は暖色系の明色、向いている職業は民間援助団体の職員やテレビ局のタイムキーパーなどです。

例》その人はボランティアで牛乳パックの回収・リサイクル活動を中心になって進めています。子どもたちのモノを大切にする心を養おうと小学校のＰＴＡで始めたのが、その活動のきっかけです。それは予想外の反響を呼び、全国に広がりました……。

1/14

感性
ユーモア
熟成

グラスグリーン

草の葉の色のように濃い黄緑　grass green

感情の成熟を待つ芸術家

感性が豊かで、ユーモアに満ち、優しい心と機知に富んでいます。世故にたけ、生活の興味はすべて詩に表すことができる人です。グラスグリーンと相性のよい色は暖色系のパステルトーン、向いている職業は詩人やシンガーソングライターなどです。

例》その人は詩人です。中学時代から書くことを始め、キラキラした可愛い言い回しをしたいと思うと、徐々に文章が短くなっていき、童話から童話詩、そして現代詩を書くようになりました。日常のささいな感情をゆっくりと作品に仕立てていきます。他人には平凡に見える生活も、その人にとってはドキドキの連続なのです……。

1/15

信条
模範
慈愛

深緑《ふかみどり》

星の輝きのような瞳の持ち主

内向的ですが、信条を貫き通し模範的な人生を送ろうと努力します。プライドが高いので、時には理解されず落胆することもあります。未解決の難題に本能的に挑戦ができる人です。深緑と相性のよい色はパステルトーン、向いている職業は医者や弁護士、政治家などです。

例》その人は内科医です。「女性の場合、体に出る症状はストレスが引き金になっているケースが増えています」とその人はいいます。専門はガン細胞の研究です。日本の医科大学を卒業した後、アメリカの大学に学び、学位も持っています……。

1/16

大胆
想像力
信念

ホワイトリリー

白ゆりの薄い黄緑　white lily

自然を愛する実践家

果てしない想像力を持ち、芸術的な大胆さがあります。人一倍健康意識が強く、フィットネスクラブやゴルフ教室へ通い、すべてがいきいきとしています。ホワイトリリーと相性のよい色は暖色系の明色、向いている職業はファッションデザイナーやスタイリストなどです。

例》その人はスタイリストです。長年あこがれていた田舎暮らしを始め、都心の職場まで通勤しています。透明な空気、緑の環境がその人の感性を磨き、フレッシュな意欲をかき立てます……。

1/17

生活意識
指導力
ほほえみ

萌黄《もえぎ》色《いろ》

ねぎの萌《も》えでる色

度胸と好奇心のある美食家

常に生活の向上をはかっている人で、他人を指導することに対して信頼を得ています。食べることが大好きで、食べる楽しみと共に感謝の気持ちを抱きます。あまり表情をくずしませんが、時どき見せるほほえみには千金の値があります。萌黄色と相性のよい色は暖色系の中間色、向いている職業はフードコーディネーターや料理教室の講師などです。

例》その人はフードコーディネーターです。オーナーのコンセプトをベースに、店の内装からメニュー、制服、広告、看板などすべてをコーディネートしています。時には経営コンサルタントの役目までこなします……。

1/18

フォーリッジ

誠実
洗練
謙虚

葉の茂った木立の濃い黄緑　foliage

純粋さを保つ、謙虚で誠実な人

気高い品位を保ち、何ごとにも謙虚で誠実です。純粋さを保ちながらも洗練されていて、会話には人を引きつける神秘的な力が潜んでいます。都会より田舎の生活にあこがれ、緑いっぱいの環境を好みます。フォーリッジと相性のよい色は暖色系のパステルトーン、向いている職業は陶芸家やカウンセラーなどです。

例》その人は陶芸家で、はじめての個展「雲に飛ぶ」を開きました。大空にただよう雲、さまざまな表情を見せる不定形の雲の作品はその人の心を映し出しています。目標は、その人自身の作風をつくることです……。

1/19

リーフグリーン

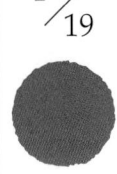

優しさ
自尊心
精神性

leaf green

何ごとも一生懸命取り組む努力家

聡明で、心豊かな人で、自尊心に満ち、誇り高く、精神性に重点を置いた自我を大切にしています。リーフグリーンと相性のよい色は暖色系の純色、向いている職業はフラワーデザイナーや警察犬訓練士などです。

例》その人はフラワーデザイナーです。夢だった子どものための教室を実現し、花を通して人を幸せにできる喜びを改めて感じています。「花は人の心をなごませ、喜ばせてくれます。それを活かせる技術が加わったら日常生活がもっとすてきになるはず」とその人はいいます……。

1/20

フォレストグリーン

エネルギー
自己への投資
謙虚

森林の暗い緑　forest green

しっかりした自分の理想像を持つ人

自分を失うことなく、謙虚に相手に合わせて対応のしかたを変えることができます。自己を高めることに余念がなく、障害や難関を乗り越えるエネルギーも充実しています。フォレストグリーンと相性のよい色は色味のある色の純色、向いている職業はコスチュームデザイナーや秘書などです。

例》その人はアニメーターです。アニメーションの絵を手作業で1枚ずつ描いていく根気のいる仕事をしています。仕事量も多くハードですが、地道な作業が苦にならず、もともと手先が器用で、遊ぶ暇がなくてもへこたれることはありません……。

1/21

空色

感性
可能性
芸術性

美しいものを感じとる才能

どんな分野でも主役として活躍できる人です。ういういしい感性によって開かれた可能性も無限で、そこから芸術的な創造性へと広がります。空色と相性のよい色は暖色系の明色、向いている職業はピアニストや画家、写真家などです。

例》その人はピアニストです。10歳でオーケストラと初共演し、コンサートの楽しさを体験しました。「音楽だけでなく、多くの芸術に触れることが大切。ドビュッシーの曲を弾くなかでヴェルレーヌやボードレールの詩をより深く理解することができました」とその人はいいます……。

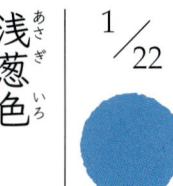

1/22

浅葱《あさぎ》色《いろ》

葱《ねぎ》の色に似た明るい青緑

創造力
感動
気高さ

他人への思いやりに満ちあふれた人

生まれながらに磨かれた豊かな創造力があります。思いやりが深く、人を優しさで包みます。自分の喜びや感動をたくみに人に伝える表現力や気高い精神力に恵まれています。ものごとを客観的に見る能力もあります。浅葱色と相性のよい色はパステルトーン、向いている職業はイラストレーターやシナリオライターなどです。

例》その人はイラストレーターです。それまで写真が主だった料理のレシピをイラストで表したのもその人です。絵だけで表現しきれないことも多くなり、自然に文章を書く機会も増えました……。

1/23

露草《つゆくさ》色《いろ》

明るい青

若々しさ
情緒
集中力

平和で静穏な心の持ち主

若々しい心を保ち、常に平和で静穏な心を持っています。精神性を重視し、気高い個性を持ちつづけ、仕事においては集中力と正確さが評価されます。困っている人を見るとほうっておけません。露草色と相性のよい色は暖色系の純色、向いている職業は会社経営者やコンピュータのプログラマーなどです。

例》その人はパソコンのシステム設計とプログラミングを行う会社の経営者です。25人のスタッフは素人の集団ですが、これまで制作したソフトは約80本。ごく普通の人が気軽にパソコンとつきあえるように考え出したものばかりです……。

1/24

頭脳明晰
誠実
感受性

鴨《かも》の羽《は》色《いろ》

強い緑味の青

楽しい夢に向かって進む楽天家

頭脳明晰で洗練された精神の持ち主です。誠実な人柄で〝芸〟が大好きです。日本的な優雅な哀調にふれると、生来の感受性が揺れ動きます。鴨の羽色と相性のよい色は暖色系の明色、向いている職業は古典芸能の継承者や指導者などです。

例》その人は義太夫節の名取です。その人の語りは、野太い太《ふと》竿《ざお》の三味線にのって、時に哀切に、時につややかに響きわたるのです。「いつも楽しく夢を見ていると、だんだんそれに近づいていく。近づかないときはそれを試練だと思って乗りこえる。そうするとだんだん楽しくなる」とその人はいいます……。

1/25

感受性
理想主義
独立独行

濃《こい》藍《あい》

生活をスムーズにできる積極的な人

感動の幅が広く、喜びや悲しみを感じやすい人です。理想主義で精神性の豊かなフィーリングを尊重し、芸術への理解もあります。濃藍と相性のよい色は純色、向いている職業は邦楽・洋楽の研究家やメイクアップアーティストなどです。

例》その人は邦楽研究家です。「親と子の能楽教室」というその人のイベントでは子どもたちが、身を乗り出して食い入るように見ていました。「日本人の大人の多くは日本の文化より外国の文化を吸収しようとします。これでは本当の国際人にはなれないと思います。子どもたちに期待したい」とその人はいいます……。

1/26

豊かな表情
組織
機知

クリーム

白っぽい黄色　cream

太陽のような個性の持ち主

表情豊かで、いつもキラキラ輝いています。会話は機知に富んでいて、パーティなどではユーモアのセンスを発揮して中心的な存在になっています。クリームと相性のよい色は寒色系のパステルトーン、向いている職業は会社経営者や航空機の客室乗務員などです。

例》その人は会社経営者です。現場と営業へそれぞれの責任体制を明らかにし、組織づくりに才覚を発揮します。資金繰りの苦しさを乗り越えるため、資産をつくらなくてはと低利で資金を集め、担保物件を手に入れたりして着々と設備を整えています……。

1/27

着こなし
神秘的な眼
友人

ペールレモン

浅い緑味の黄　pale lemon

あか抜けた雰囲気の都会的な人

洗練された趣味を持ち、服装は都会的であか抜けしています。時に粋な着こなしで人から目を見張られます。黄色はコミュニケーションの色といわれており、友だちがどんどんできるタイプです。ペールレモンと相性のよい色は寒色系、向いている職業は舞踊家やコンサルタント、カウンセラーなどです。

例》その人はベリーダンサーです。ベリーダンスはトルコ、エジプトなど中近東の踊りです。アラブの音楽に合わせて、どのように踊ろうとダンサーの自由で、ほとんど即興で踊ります……。

1/28

たんぽぽ色

冒険
明るさ
好奇心

生まれながらの楽天家

冒険好きで、常に目新しいことを求めています。考え方、趣味、服装はいずれも洗練されていて、非の打ち所がありません。深刻な問題もたやすく解決できる明るい人柄です。たんぽぽ色と相性のよい色は寒色系、向いている職業は実業家や証券アナリストなどです。

例》その人は実業家です。若々しくバイタリティーがあり、話を聞いているほうも感化されて元気になります。その人のいる紙器業界ではその経営理念が高く評価されています……。

1/29

若《わか》草《くさ》色《いろ》

運動神経
知覚力
名誉

並はずれた説得力のある伝道者

運動神経、知覚力ともに抜群です。前向きな生き方が好きで、自分が高く評価され、賞賛されることに無上の喜びを感じます。どんなスポーツでもこなす能力を持ち、生活にスポーツを積極的に取り入れています。若草色と相性のよい色は寒色系のパステルトーン、向いている職業は報道カメラマンや舞踊家などです。

例》その人は洋舞踊家です。たとえどんなに体の調子が悪くても、また踊っているときどんなにのどが渇いても、それを感じなくなる極限まで踊り続けることができます……。

1/30

メドーグリーン

あふれる愛
愛の享受
動物好き

牧草の濃い黄緑　meadow green

動植物と相性のいい自然の理解者

愛に満ち、人からの愛も素直に受け止められます。でも、途方もない恋愛に突っ走ることもあります。自然をよく理解し、動物や植物との相性も抜群です。メドーグリーンと相性のよい色は暖色系のパステルトーン、向いている職業は調教師やトリマー（動物の美容師）などです。

例》その人はアシカの調教師です。「いつもそばに動物がいてほしかったから、アシカの調教師になりました」とその人はいいます……。

1/31

若《わか》芽《め》色《いろ》

センチメンタル
社会的順応
礼儀

浅い黄緑

傷つきやすいロマンチスト

優しい心の持ち主で、涙もろく感傷的です。ロマンチックな音楽や風景に強く引かれますが、周囲とのバランスはくずしません。社会的に順応し、礼儀正しく振る舞います。若芽色と相性のよい色は暖色系のパステルトーン、向いている職業はシャンソンやジャズの歌手や作詞家などです。

例》その人はシャンソン歌手です。「シャンソンほど不思議な歌はありません。歌の中の物語と、歌う人の人生が二重写しになって心に染み入ります。リュシエンヌ・ドリールという歌手の『ルナ・ロッサ（赤いお月さま）』という曲を聴いて、これだ！　と思った」とその人はいいます……。

February 2

Day	Y	M	C	B
5	Y10	M95	C82	B0
6	Y0	M24	C10	B0
7	Y0	M70	C28	B0
12	Y46	M100	C10	B0
13	Y15	M0	C0	B80
14	Y15	M0	C15	B80
19	Y30	M100	C100	B10
20	Y20	M10	C0	B0
21	Y35	M0	C0	B0
26	Y30	M10	C30	B0
27	Y60	M30	C54	B0
28	Y68	M46	C70	B0

1
Y0 C84
M76 B0
2
Y0 C35
M80 B0
3
Y0 C100
M100 B0
4
Y0 C20
M50 B0
8
Y42 C80
M100 B0
9
Y36 C0
M90 B0
10
Y15 C10
M100 B0
11
Y28 C10
M100 B0
15
Y10 C50
M18 B0
16
Y20 C50
M32 B0
17
Y42 C80
M62 B0
18
Y0 C18
M18 B90
22
Y50 C0
M40 B0
23
Y46 C12
M0 B0
24
Y40 C18
M4 B0
25
Y12 C12
M6 B0
29
Y18 C0
M0 B85

2/1

コーンフラワーブルー

矢車菊の花の強い青紫色　corn flower blue

文化的志向
気取り屋
色彩観

美しさに魅力を感じる芸術家

文化的なものを好み、少々気取り屋です。芸術家が多く、すぐれた感性でよい趣味を持っています。また、色彩観にすぐれ、美的なものに共感します。コーンフラワーブルーと相性のよい色は暖色系の明色、向いている職業は日本画家や染色家、建築家などです。

例》その人は日本画家です。日本画の設計の巧みさ、明確な輪郭、誇張されない色彩、孤独感、日本的温かみなどに魅力を感じ、共感を持っています。また、友禅染めの図案家でもあります。「柔らかな表情を持つ絹に制作意欲をとくにかきたてられる」とその人はいいます……。

2/2

若紫《わかむらさき》

紫の明るい色

創造力
敬慕
直観力

人とはっきり差をつける個性派

創造力とインスピレーションがあり、それらを学問や仕事に活かしていけます。たいへん個性的ですが人に対し物惜しみしないので敬慕されます。時に「天才」と評価されることもあります。若紫と相性のよい色は寒色系のパステルトーン、向いている職業はノンフィクション作家や学者などです。

例》その人はスポーツライターです。「スイスの４０００ｍ級の山に登ったり、モンテローザを滑降するプロスキーヤーをヘリで中継したり、アフリカの狩猟民族と皆既日食を見たり。水もなく、ハエと毒ヘビがたくさんいるところへも行きました」とその人はいいます……。

2/3

ディープローヤルブルー

直観力
はにかみ
威厳

深く濃い紫　deep royal blue

自分の価値を知っている生来の貴人

天賦の直観力に恵まれていますが、反面、はにかみ屋でもあります。高貴で生来の威厳に満ちています。ただ、鋭い感性がわざわいし、他人を完全には信頼できません。ディープローヤルブルーと相性のよい色は色味のある色のパステルトーン、向いている職業は画家や写真家などです。

例》その人は画家です。その人の作品は最近個性的な表情を見せはじめています。「光、空気、水、音、植物、生物のイメージは人間の素朴な生命の喜びを思い出させてくれます」とその人はいいます……。

2/4

紅《べに》藤《ふじ》色《いろ》

感性
才気煥発
外向性

ライラックの花の色

人と違う自分でいたい個性派

個性的でありたいという願望が強く、感性豊かな人です。心が広く、こだわらない性質で外向的な人柄ですが、興奮しやすい傾向もあります。紅藤色と相性のよい色は色味のある色の明色、向いている職業は作曲家や歌手、画家などです。

例》その人は音楽家です。その人が作曲した作品は題材から慎重に吟味され、よく練られており、旋律は優美で個性的な魅力を持ち、感情豊かで、しばしば官能的に響きます。ひとたびその人が指揮すれば、管弦楽は独特の光彩を放ちます……。

2/5 パンジーパープル

宗教的
詩的な恍惚
神秘と夢幻

濃い紫　pansy purple

進むべき道を知っている霊感の持ち主

宗教的な雰囲気を持ち、自分自身や他人の道を見つけることができます。霊感や神秘の世界に興味があり、物質的にも精神的にも成功する力があります。パンジーパープルと相性のよい色は色味のある色のパステルトーンです。向いている職業は茶道家や宗教家などです。

例》その人は茶道の師範です。「茶の湯は、一会《いちえ》の茶事《ちゃじ》を催すことが究極の目的です。すなわち一服のお茶（濃茶《こいちゃ》）を差し上げることです。まず炭をつぎ、火をおこし（初炭《しょずみ》）、沸きたての清浄な湯で濃茶を練ります。事前に適量の食事でおなかを満たしますが、その料理が懐石《かいせき》です。一汁三菜が原則です」とその人はいいます……。

2/6 ペールライラック

家庭
表現力
気高さ

淡い紅藤色　pale lilac

人を感動させる力を秘めた人

恵まれた家庭に生まれ、生来の芸術的資質をダイヤモンドのように純粋に、また雪のように柔らかく磨き育てられます。そして、やがて人を感動させる表現力と気高い精神を秘めた魅力を身につけます。ペールライラックと相性のよい色は寒色系の明色、向いている職業は歌手や俳優、コピーライターなどです。

例》その人は人形遣いです。その人がやっているのは、ロクロ車といわれる箱車に腰かけ、人形と人が一体になって動くという一人遣いのユニークな人形劇で、車人形といいます。最近は景事《けいじ》（舞踊）の人形だけではなく、いろいろな役をやらせてもらえるようになりました……。

2/7

自主性
天才的資質
感性

モーベット

ゼニアオイの明るい紫　mauvette

ひたむきで使命感のある期待の星

自主性を尊び、豊かな感性を育んでくれた両親の愛情に包まれて、活発で多感な幼年時代を過ごします。その天分はたぐいまれなもので、天才的な資質といえるでしょう。モーベットと相性のよい色は寒色系の明色、向いている職業は俳優や作家などです。

例》その人は役者です。はじめての主役はたおやかな姫君、安寿姫でした。山椒太夫をもとに作られた「吉野の盗賊」は室町時代を舞台に、乱世のお家騒動に恋愛がからむストーリーでした。嫌味のない聡明さ、ひたむきな姿勢と使命感を演じ、いつの日か演劇界にダイナミックな新風を巻き起こしてくれるのではないかと期待させてくれます……。

2/8

情熱的な瞳
可愛らしさ
思慮深さ

バーガンディ

フランス・ブルゴーニュ産のワインの色で暗い赤紫　burgundy

ものまね上手な可愛いいたずら者

情熱的な瞳を持つとともに、顔を赤らめる可愛らしさがあります。思慮深く、幼いころから音楽に引かれるなど芸術の素養に恵まれています。その反面、ものまねを得意とする、可愛らしいいたずら好きの人です。バーガンディと相性のよい色は白、向いている職業は音楽家やファッションデザイナーなどです。

例》その人はピアニストです。ピアニストであると同時に役者としても舞台に立っています。韻律を自在にあやつりながら、詩の調和を乱さず悲劇を語れる稀有《けう》の役者と賞賛されています……。

2/9

国際感覚
活発
指導者

フクシャパープル

ツリウキ草の明るい赤紫　fuchsia purple

国際的に活躍する人間味あふれる熱血の人

強烈なキャラクターの持ち主です。国際派であり、活発で指導的な役割を果たし、啓蒙的な仕事をやりとげます。血圧が上がりやすい傾向があるので要注意です。フクシャパープルと相性のよい色は色味のない色で、白、黒、灰色。向いている職業はヴァイオリンやヴィオラなど弦楽器の奏者、通訳などです。

例》その人はヴァイオリニストです。270年前のストラディヴァリウスをよき伴侶とし、ソリストとして聴衆を魅了します。「100人のオーケストラがどんなに大きな音で演奏していても、ソロは常に一本飛び出した音でなくてはならないのです」とその人はいいます……。

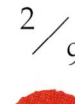

2/10

ローズレッド

愛情
感受性
知性

rose red

人を助けて励ます優しい人

人一倍優しいところが長所です。知的で鋭い感受性に恵まれ、感情的に人を排除することはありません。むしろ自分が傷つきやすいタイプです。ローズレッドと相性のよい色は寒色系の中間色です。向いている職業は舞踊家や薬剤師、警官などです。

例》その人はインド舞踊家です。くっきりとした化粧にきらびやかな髪飾りをつけ、鮮やかな桃花色と紫のサリーをまとったその人の姿は、あでやかで荘厳。インドには6つの古典舞踊が伝えられ、その人が好んで舞う踊り「デーヴァダーシ」（神の召し使い）は日本の巫女《みこ》に当り、ちょうど神楽《かぐら》のようなものです……。

2/11

開放的
単純明快
表現力

紅色《べにいろ》

何ごとにも心から喜べる素直な人

開放的で単純明快な人柄の持ち主です。その気高い純粋さと豊かな表現力は人を感動させます。思いやり深く、生活のささいな出来事にも心から喜びを感じます。紅色と相性のよい色は寒色系の明色、向いている職業は俳人やアナウンサー、テキスタイルデザイナーなどです。

例》その人は俳人です。「17文字にどんな思いを託すかが俳句の楽しみです。松尾芭蕉や与謝蕪村の俳句は侘《わび》、寂《さび》の世界で、水墨画のような情景ですが、わたしの俳句には色があり、香りがあります」とその人はいいます……。

2/12

外向的
情熱
激しい感情

カーミン

コチニールという虫からとった赤い顔料の色　carmine

もの静かでも積極的な行動派

外向的で、積極的な行動派です。おとなしそうな見かけとは裏腹に、本当のところは自分の激しい感情や燃える情熱を包み隠しているのです。カーミンと相性のよい色は寒色系のパステルトーン、向いている職業は演奏家や外交官などです。

例》その人は太鼓奏者です。琉球舞踊の伴奏音楽（地方《じかた》）としての太鼓をたたきます。その人は琉球舞踊の流れるリズムを基本とした「みやらび太鼓」を創作しました。「みやらび」は「めわらべ」（美しい童女）という意味の沖縄の言葉で、「みやらび太鼓」とは女性だけで打つことを意味します……。

2/13

鶯《うぐいす》色《いろ》

家庭
几帳面
向上心

自分の価値観を大切に育てる活動家

だらしない状態を嫌い、ものごとをまとめようと懸命に努力する向上心があります。また、理想的な結婚相手を選び、幸せな家庭を築きます。また、常に自分の価値観を大切に育てようとする意欲に燃えています。鶯色と相性のよい色は黄色、向いている職業は旅行作家や保育士、ツアーコンダクターなどです。

例》その人はアクアリウムの事業家です。アクアリウムとは金魚ばち、水槽、水族館などの意味ですが、水槽に熱帯魚や水草を入れて、飼育・観賞することもアクアリウムといいます。「水槽のガラスごしに水辺の生態系をながめていると心身共にリラックスすることができるのです」とその人はいいます……。

2/14

海《み》松《る》色《いろ》

灰色味のオリーブグリーン

二律背反
誠実
気品と威厳

都会的なセンスを備えた人

時として二律背反の態度をとりますが、模範的でまじめな人柄です。都会的なセンスを好み、気品があり、威厳を重んじます。海松色と相性のよい色は暖色系のパステルトーン、向いている職業はスポーツインストラクターやグラフィックデザイナーなどです。

例》その人はヨガのインストラクターです。「あおむけに寝て、目を閉じて息を吐き、全身の力を抜いていきます。そして青い空を頭の中に浮かべ、白い雲に乗って、風のままに流されていく自分を思い描いたり、地球の果てまで伸びていく自分をイメージします」とその人はいいます……。

2/15

わすれなぐさ色

友情
平和
調和

わすれなぐさの花の空色

行動前に2度考える慎重派

調和のとれた人柄で、平和を切望するタイプです。友情を大切にはぐくみ、おだやかに人と接するので信頼されています。2度考えてから行動に移す慎重なところがありますが、機会を逃さないよう注意してください。わすれなぐさ色と相性のよい色は白、向いている職業は作詞家やスタイリストなどです。

例》その人は作詞家です。その人は「鶴の恩返し」の鶴のように自分の羽（体験）を一本一本抜かないと、詞が書けないタイプです。頭の中でイメージするだけでなく、たくさんの人に会ったり、たくさん失敗しているからこそ詞が書けるのだと考えています……。

2/16

スモークブルー

謙虚
堅実
克己心

灰色味のスカイ　smoke blue

常に自分を高めようとする努力家

自分を啓発してくれる友人を大切にします。謙虚で自制心がありますが、打ち解けにくい印象を与えがちです。常に自分を高めようとする堅実な努力家で、障害にもめげることはありません。スモークブルーと相性のよい色は暖色系の明色、向いている職業はスポーツ選手やインストラクターなどです。

例》その人はスキューバ・ダイビングのインストラクターです。「水中では約10メートルもぐるごとに水圧が1気圧ずつ上がるので、鼓膜が敗れる危険もあります。自制心と慎重さが大切です」とその人はいいます。控えめでありながらていねいな指導は好評です……。

2/17

スマルト

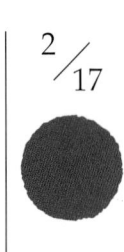

根気
完全主義
品格

青色ガラスを粉にした色　smalt

ものごとにのめりこんでしまう熱中タイプ

忍耐力があり、根気よくやり通します。品格が漂い、完全主義者であり責任感も強いのですが、のめりこみやすく、自分で閉口してしまうこともあります。スマルトと相性のよい色は暖色系の明色、向いている職業はインテリアデザイナーやアニメーター、工業デザイナーなどです。

例》その人はインテリアデザイナーです。「冷蔵庫・流し・レンジの3つがつくる三角形、キッチン・トライアングルを意識して設計します。三辺の合計が3・4〜7メートルが理想。台所に立つ人のことを考えながら設計しているときが、もっとも楽しい時間です」とその人はいいます……。

2/18

チョコレート

不屈の魂
ひらめき
自己正当化

暗いブラウン　chocolate

自分の考えの正しさを主張できる人

不屈の精神の持ち主です。独特のひらめきがありますが、少し独善的なところがあり、自分の考えは常に正しいと思っています。ひとりよがりにならないよう注意してください。チョコレートと相性のよい色は暖色系のパステルトーン、向いている職業はくらしにかかわるものの研究家や古美術商などです。

例》その人はお茶の研究家です。「お茶は食中毒の原因となる多くの細菌に対して抗菌効果があります。お茶のエキスとコレラ菌を混ぜる実験では、1万個のコレラ菌が瞬時に100分の1に、そして1時間後には全滅しました。お茶の効能を研究し、多くの人に知ってもらいたい」とその人はいいます……。

2/19

紺《こん》色《いろ》

暗い紫味の青

自分が向かっている道を知る識者

大器
指導者
感性

大物といわれますが、自分自身に潜在する指導者としての能力を客観的に気づかないことがあります。しかし、自分の立場や行く末はよく理解しています。自分の感性を磨くだけではなく、他人の感性も高く評価できる人です。紺色と相性のよい色は純色、向いている職業は会社経営者、教育者などです。

例》その人は子ども向けの絵画教室を開いています。「子どもに絵を教えていると、無邪気な感性にふれることができるのです。子どもといっしょにいると、一人ひとりのいろいろな可能性が感じられる」とその人はいいます……。

2/20

鳥《とり》の子《こ》色《いろ》

薄い赤味の黄色

強烈な個性と主張を持つ人

魅惑
個性
節度

強い個性を秘めた魅惑的な美しさがあり、自分の喜びを美的なものに変えることができます。主張はするが、度を過ぎることはありません。鳥の子色と相性のよい色は寒色系のパステルトーン、向いている職業はインテリアコーディネーターやデコレーターなどです。

例》その人はリビングアート・デザイナーです。その人が魅力を感じるのは絵画の色彩の魅力と共鳴する、優雅な陶器の上品さです。それに加えて最も美しく香り高い花をデザインのモチーフに思い浮かべるのです。その人は子どものころから絵を描くのが好きだったといいます……。

2/21

ライムライト

強い白光の照明灯の色　limelight

感性
楽しい雰囲気
芸術的才能

楽しく目新しさを追求する楽天家

楽天家で、たいへん楽しい雰囲気に包まれた人柄です。ところが、ときどきピカッと輝く鋭い感性を見せ、創意に富んだ芸術的才能を発揮して人を驚かせることもあります。常に新しいものを追い求めています。ライムライトと相性のよい色は茶色、向いている職業は香りやガーデニングなどの研究家や看護師などです。

例》その人はハーブティーの研究家です。「ハーブティーは葉の種類によって解熱・鎮痛効果があったり、冷え性や不眠症によかったりと効果がちがいます。それをいろいろ調べていくと驚きの連続です」とその人はいいます……。

2/22

鬱《う》金《こん》色《いろ》

ウコンの根で染めた強い赤味の黄色

人道主義
不言実行
ロマンチスト

人びとに歓喜の爆発を起こさせる行動派

気高い品位を持った不言実行を旨とする行動派の人道主義者です。ロマンチックな感情を高揚させて、周囲の人びとの目を涙であふれさせたり、歓喜させたり強い感動を引き起こす力があります。鬱金色と相性のよい色は寒色系のパステルトーン、向いている職業は教育者、声楽家などです。

例》その人は日本歌曲の解釈にすぐれた声楽家です。舞台で歌うより自分の教室で指導をするほうが多いのですが、年に一度の発表会には生徒とともに歌い、人びとの心に深い感銘を与えています……。

2/23

菜の花色

リラックス
社交的
前向き

いつも希望を抱き前に進もうとする人

心身ともにリラックスしていて、社会的習慣にとらわれない人です。裕福な生活をし、だれともすぐに打ち解けることができ、望みを抱いて前向きな言動に徹しています。相性のよい色は濃い黄色、向いている職業は飲食店の経営者や作曲家、歌手などです。

例》その人はフランス料理レストランの経営者です。その人は値段の高いワインはつくり手の個性が強くにじみ、そのため飲みづらいものもあることを知っています。逆に安いワインは個性は弱いのですが、誰もが飲みやすい味に仕上がっているので、客によくすすめます……。

2/24

リードグリーン

葦《あし》の柔らかい感じの緑　reed green

他人から尊敬されるしっかり者

バランス
分別
不撓不屈

バランスよくしっかりしています。分別があるので人から尊敬され、他人にけっして無理強いしません。不屈の精神の持ち主です。リードグリーンと相性のよい色は茶色、向いている職業は外国文化の研究家や司法書士、行政書士などです。

例》その人は中国茶の研究家です。三国時代（3世紀）に誕生した中国茶は、7世紀、隋の時代に中国全土に広まり、現在3000種以上あるといわれています。茶葉の種類と発酵の度合いの違いで、緑茶、青茶、黄茶、黒茶、白茶、紅茶と色で大きく分けられます。その人は今、中国という国に夢中です……。

2/25

ミストホワイト

緑味がかった白　mist white

ねばり強さで目的をとげる努力家

目的
感銘
名誉

障害に屈せず目的を貫きます。仕事にはねばり強い執拗さを発揮します。また、自分の道を進み、人に感銘を与え、人から評価されることに喜びを感じます。ミストホワイトと相性のよい色は暖色系の明色、向いている職業は趣味の教室の講師や職業訓練指導員などです。

例》その人は自動車教習所のインストラクターです。授業は50分の真剣勝負。教習生のタイプも年齢から職業までまったく異なり、まさに十人十色なので教え方を工夫しています。「一番気になるのは、本当に理解してもらえたかどうかということです」とその人はいいます……。

2/26

裏葉《うらば》色《いろ》

円満
努力
正確

明るい灰味の緑

難問にも全力を傾ける挑戦者

自制心があり、円満な人柄です。勤勉でたゆまぬ努力をつづけ、仕事の正確さには定評があり、信頼を生み出しています。また、難問にも全力を傾注して取り組みます。裏葉色と相性のよい色は寒色系のパステルトーン、向いている職業は陶芸家や裁判所事務官のような公務員です。

例》可憐で芯の強いその人は陶芸家です。唐津焼きの窯元のひとつで焼き物づくりに取り組んでいます。「窯には癖がいろいろあるので、今窯炊きが一番おもしろい。仏像などよい作品をたくさん見て、焼き物づくりに活かしたい」とその人はいいます……。

2/27

柳茶《やなぎちゃ》

楽しい会話
おおざっぱ
解放

しきたりに束縛されない人気者

楽しい会話が得意で、まわりの人を心地好くしてくれます。でも、自分の生活や行動はいいかげんなこともあります。それが逆に人気のもとになります。しきたりなどに束縛されるのをきらいます。柳茶と相性のよい色は寒色系のパステルトーン、向いている職業は自然の草木やポプリの研究家やタレントなどです。

例》その人は山野草研究家です。軍手に小さなカマを手にして、利根川の土手を歩いていきます。採取が始まって30分でザルはいっぱい。「ヨモギ、ハコベ、クコ、ノビル、セリ……。万葉の昔から季節の野草を食べて病気の予防にしていたんですよ」とその人はいいます……。

2/28

オリーブグリーン

olive green

人との交流を大切にする人

感性
堅実
優雅

この色を好む人は豊かな感性に恵まれ、バランスのとれた堅実なタイプです。人との交流を大切にし、立ち居振る舞いが優雅で、人がはっとするような潤いと魅力を持っています。オリーブグリーンと相性のよい色は色味のある色のパステルトーン、向いている職業は管楽器奏者やセラピストなどです。

例》その人はフルート奏者です。フルートはお母さんの声の音域に近い音色です。おなかの中の赤ちゃんと一緒にお母さんもリラックスしてもらえたらと、胎教のための音楽会を開き、すでに３００回を超えます。レパートリーは、アイルランドなどの世界の子守歌から江戸時代の子守歌に及びます……。

2/29

アイビーグリーン

ツタの黒に近い緑色　ivy green

友だちの面倒をよくみる正直者

道徳
知能
構想

高い道徳をめざし、人の道を踏みはずしません。友だちの面倒をよくみ、ものごとを正しく遂行することに全力を尽くし、ニュー・コンセプトの理解者でもあります。アイビーグリーンと相性のよい色は橙色、向いている職業はピアニスト、作曲家などです。

例》その人は声楽家です。絵画の効果をとり入れた独特の音色効果により、風景や自分を表現することを得意としています。その人は色彩や光までもあやつるように歌い、聴く人は皆頭の中にさまざまな美しい情景が浮かびます。その人の歌声は天使そのもののようだといわれています……。

March 3

5

Y100 C10
M100 B0

6

Y18 C0
M34 B0

7

Y30 C0
M50 B0

12

Y60 C0
M80 B0

13

Y90 C0
M85 B0

14

Y100 C0
M90 B0

19

Y10 C82
M100 B0

20

Y10 C66
M80 B0

21

Y0 C10
M30 B0

26

Y30 C25
M0 B0

27

Y40 C38
M0 B0

28

Y24 C40
M0 B0

No.	Y	M	C	B
1	Y8	M40	C0	B0
2	Y16	M40	C0	B0
3	Y10	M50	C0	B0
4	Y70	M100	C0	B0
8	Y42	M70	C0	B0
9	Y80	M80	C0	B0
10	Y100	M100	C0	B0
11	Y40	M24	C0	B0
15	Y100	M95	C0	B10
16	Y0	M40	C20	B0
17	Y0	M80	C32	B0
18	Y0	M70	C50	B0
22	Y0	M70	C30	B0
23	Y0	M80	C50	B0
24	Y30	M100	C86	B0
25	Y50	M100	C60	B0
29	Y16	M0	C42	B0
30	Y0	M0	C70	B0
31	Y20	M15	C0	B0

3/1

責任感
気くばり
優しさ

一《いっ》斤《こん》染《ぞめ》

紅染の薄いピンク

人を活気づけてくれる元気者

責任感が強く、いつも人を勇気づけ助けようとします。他人がなかなか気づかないような細かいところにも気くばりが行き届き、負担を積極的に受け入れます。一斤染といちばん相性のよい色は白、向いている職業は理学療法士や作業療法士、歯科衛生士などです。

例》その人は理学療法士です。病気や事故で障害を持った人に、運動療法を主体とするさまざまな理学療法を施し、機能回復をうながすのです。人のために何かをしたいという気持ちでいっぱいです……。

3/2

理想
家庭的温かさ
包容力

ベビーピンク

薄いピンク　baby pink

幸せな家庭を彷彿とさせる人

包容力があり、女性なら父親か子どもっぽい男性を、男性なら母親かお嬢さまタイプを恋人の理想像とします。高い理想を抱き、家庭的な温かい環境を好みます。ベビーピンクと相性のよい色は白、黒、灰色、向いている職業は作家や画家、フラワーデザイナーなどです。

例》その人はスウェーデンに暮らす絵本作家です。「北欧の人と暮らしに魅せられ、絵本を創作し始めました。スウェーデンでは、昔の人が作った閘門《こうもん》式運河という力作を自分たちの宝物としてそのまま残し、楽しんでいます。この国の人たちの文化に対する姿勢を絵本を通して知ってもらいたい」とその人はいいます……。

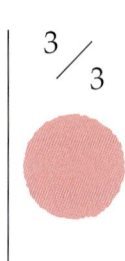

3/3

精神的恋愛
礼儀
あでやかさ

鴇《とき》色《いろ》

トキの風切羽根のピンク

愛されていることを知ると美しく輝く人

人から守られることを好み、積極的に愛情を求めます。礼儀正しさの中にあでやかな美しさが漂う人です。鴇色と相性のよい色は明るい寒色系の色、向いている職業は自然療法の研究家や政治家などです。

例》その人はタラソテラピー（海洋療法）の研究家です。現代の生活環境にはこれという病気はなくても健康とはいえない半病人が増加しています。海水の効能を、美容、健康、医療に役立て、病気になる前に自然治癒力を高めることを多くの人に知ってほしいと思っています……。

3/4

主役
高尚
敏感

ポピーレッド

明るい赤　poppy red

平均的では満足しない人

主役を演じるような風格があり、気位が高く平均的なところで満足しません。感情的に敏感で中傷を嫌います。ポピーレッドと相性のよい色は白、向いている職業は華道などの教師や俳優、バレエダンサーです。

例》その人は華道の家元です。生け花は、草花や木の生きる全姿を表現します。たとえば杜若《かきつばた》は女らしくしなやかに、菖蒲《あやめ》は男らしく鋭く生けます。そして花そのものだけではなく、野や山、そして沼とあらゆる自然界で生きる木々や草花を美しいと感じ、それを生け花の素材として使っています……。

3/5

チェリーレッド

現実主義
豊かな感性
情熱

さくらんぼの冴えた紫味の赤　cherry red

地に足のついた考えを持つしっかり者

人柄、思想が現実的ですが、胸の奥に情熱を秘めています。感性が豊かで同じ考えを持つ人に引かれます。チェリーレッドと相性のよい色は白、向いている職業は建築士や舞台美術家などです。

例》その人は建設現場の監督です。白いヘルメットに作業服で、職人と打ち合わせをします。仕事は工程管理です。職人の手配をしたり、できあがったものを図面と突き合わせ、何か不備な点があれば、それに対処したりします。いろいろな業種の職人が出入りし、１００人くらいになるときもあります……。

3/6

桜色

愛情
思いやり
健全

人を感動させる力を秘めた人

愛情が深く、骨身を惜しまない思いやりがあります。情に厚く、多くの人に感動を与える賞賛すべき健全な人格の持ち主です。桜色と相性のよい色は白、向いている職業は落語家や作業療法士などです。

例》その人は女性の落語家です。多くの古典落語は、男性がやるとおもしろいのに、女性が男言葉で話すとどうしてもムリが生じます。そこで創作落語をやってみたところ評判がよく、これをきっかけに創作がその人の売り物になりました……。

3/7

サーモンピンク

優しさ
気づかい
感性

salmon pink

人の幸せを心から願える人格者

感性豊かで、優しさにかけては人後に落ちません。人の幸せを心から願うことができ、男性の場合は女性以上に優しさを発揮します。自分のことより他人を気づかうのです。サーモンピンクと相性のよい色は白とシルバーグレイ、向いている職業は工芸家や消費生活アドバイザーなどです。

例》その人は工芸家です。木の実でリース（花の輪）をつくり、ネイチャークラフトを広めています。ヤマブドウなどのツルのリース台にマツボックリ、クルミやクリ、ワタの実、ドングリ、赤トウガラシ、バラなどのドライフラワー、枯れ葉を巻きつけるなど、ナチュラルな感覚を楽しんでいます……。

3/8

紅《こう》梅《ばい》色《いろ》

愛情
気づかい
安定した精神

愛に満ちあふれた人

愛したい、愛されたいと願い、進んで人の世話をする人です。また、ストレス解消の術《すべ》を知っていて、常に意識をリラックスさせ精神を安定させています。相性のよい色は白、アイボリー、薄浅葱《うすあさぎ》、ネイビーブルー、向いている職業は工芸作家や社会福祉主事などです。

例》その人は組み木絵作家です。さまざまに加工した板切れを、モザイクのように一枚一枚張り合わせてつくります。木目は木の生きてきた証《あかし》そのもの、木のハーモニーから森羅万象《しんらばんしょう》の素顔が見えてくるのを楽しんでいます……。

3/9

珊《さん》瑚《ご》色《いろ》

意欲旺盛
勇猛果敢
外向的

憧れを実現しようと試みる行動派

意欲に満ち活動的で、勇猛果敢な行動力を誇ります。外向的な性格で人を引きつけます。夢を実現できる能力を持った人です。相性のよい色は白、黒、灰色、向いている職業は弁護士、メイクアップアーティストなどです。

例》その人は女性弁護士です。27年間、精力的に仕事をし、婦人問題や家庭問題、教育問題に真正面から取り組んでいます。「今の家族は本当に個人色が強くなり、家風もなくなり、家単位から個人単位になってきました。それがよいことか悪いことか、本当にむずかしい時代です」とその人はいいます……。

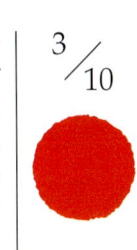

3/10

ロマンチスト
持久力
指導者

シグナルレッド

信号機の冴えた赤　signal red

多くの分野で活躍する元気者

ロマンチストです。持久力が自慢で、仕事などにどんなに追われてもへこたれることはありません。いろいろな分野で指導的役割を果たします。シグナルレッドと相性のよい色は白、黒、灰色、向いている職業は写真家や美容師などです。

例》その人は写真家です。仕事でオーストラリアに行く機会に、ニューギニアを訪ねました。高地に住むメラネシアの人びとは石器時代さながらの生活をしていましたが、キラキラした目を持って生き生きと暮らしていました。その後も3度足を運び、そのつど、3ヵ月ほど彼らと生活を共にし、シャッターを押し続けたのです……。

3/11

慈悲深さ
情熱
手際よさ

砥粉《とのこ》色《いろ》

薄いベージュ

温かく寛大な心の持ち主

上品で寛大、慈悲深い心の持ち主です。仕事はテキパキと手際よくこなし、情熱を仕事に注ぎます。砥粉色と相性のよい色は白と寒色系のパステルトーン、向いている職業はエッセイストやカウンセラーなどです。

例》その人は料理エッセイストです。「日本には『二十四節気』という季節を分ける言葉があります。たとえば「冬至」や「大寒」は自然の移り変わりの節目の日。会席ではこの季節感が重要で、それは材料とその色とに表れてきます。私たちは『はしり・しゅん・なごり』といったかたちでこれらを味わいます」とその人はいいます……。

3/12

オレンジバーミリオン

無邪気
感性
純粋

冴えた赤味のオレンジ色　orange vermilion

人を正しい方向に導く天使

他人の感性を高め、皮肉癖などのマイナス面を直してくれます。純粋で無邪気な性格が他人の気のめいりやスランプを取り除いてくれるため、知らず知らず相談役になっています。オレンジバーミリオンと相性のよい色は白と寒色系のパステルカラー、向いている職業はスタイリストや警察犬訓練士などです。

例》その人はスタイリストです。「やるからには、登場人物全員のものをデザインしたいものです。主役の衣裳だけじゃ意味がないと思います。まわりを描くことによって、主役のイメージが浮き上がってくるのですから」とその人はいいます……。

3/13

柿色

健やかな心身
組織力
大望

健やかな自分をアピールする元気者

自分が心身ともに元気であることをアピールします。また、大きな望みを持ち起業家精神が強く、組織力を発揮して実現に近づけようとします。柿色と相性のよい色は紺、白、こげ茶、向いている職業は科学者や詩人、会社経営者などです。

例》その人は科学者です。食生態学が専門です。地球や人類を救う最終的なキーワードは「女性と科学」だとその人はいいます。そして「一番重要なのは、本当の意味での女性の〝聡明さ〟です」ともいっています……。

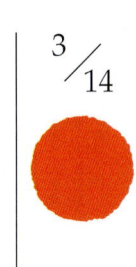

3/14

スカーレット

エネルギー
明朗快活
情熱

はなやかで活気に満ちた行動派

冴えた黄色味の赤　scarlet

外向的で明るい人柄です。落ち着いた外観とは裏腹に、心の内には本来の激しい感情や情熱を包み隠しています。心身ともに生活は充実し、しばしば社会的使命を感じて新しい事業に敢然と立ち向かうのです。スカーレットと最高に相性のよい色は白、向いている職業は工業デザイナーや新聞記者などです。

例》その人は工業デザイナーです。「今はモノづくりも多くの情報を集めれば、それほど手をかけなくても早いテンポで開発できてしまう時代ですが、たとえば道具でも長いこと使っていくうちにそのよさが出てくるものもあり、そういうものをじっくりとつくらなくては」とその人は思っています……。

3/15

ルージュ

活発
健康
外向性

自発的にアクションを起こす情熱家

冴えた赤　rouge

外向性があり、心理的抑圧をはねのける力を持っています。また、食欲が旺盛で活発な人です。また衝動的なところもありますが、関心事に対して積極的に情熱をもって向かっていきます。心身ともに健康で運動好きなタイプです。ルージュと相性のよい色は白のみ、向いている職業はスポーツ選手やテレビ局のディレクターなどです。

例》その人はスポーツが好きで、なかでも乗馬が大好きです。「馬に乗っているときはテンションが高くなったり、逆にホッとしたり。緊張とリラックスという両者がそろってはじめて気分転換につながる」とその人はいいます……。

3/16

薄紅藤《うすべにふじ》

直観力
精神高揚
気高さ

情緒豊かで素直な人

心へのはたらきかけが上手です。芸術を愛好し、理解する資質も持っています。精神高揚を心がけ、人びとをしきりに育成し、後進を啓蒙し世代交替を促進します。直観力があり、情緒も豊かですが、いつも気高く王室のような風格を漂わせている人です。薄紅藤と相性のよい色は白、シルバーグレイ、黒、向いている職業はプロデューサーや映画監督などです。

例》その人はテレビのプロデューサーです。「キャスティングで冒険だなと思う人を選んだときほど、すごいエネルギーが必要です。でも、それで自分自身も発奮させられるのです」とその人はいいます……。

3/17

モーブ

創造力
生活センス
エキゾチック

ゼニアオイの花の強い紫　mauve

次々と新しいものをつくり出す創造者

すばらしい創造力を持っています。またエキゾチックなものを好む傾向があり、それが創造力のみなもとになっています。生活センスはよく、レベルの高さを維持します。モーブと相性のよい色は黄色、向いている職業は料理研究家や外交官などです。

例》その人は料理研究家です。ユーモアのある話ぶり、なめらかな手の動きを見ていると、なじみやすく、かつ豪快な印象を与えます。話を聞いていくうちに、この料理をつくってみようという気にさせます。というのも、材料に特別のものは何もないからです。その人が1年間に生み出す料理は４００品目にも達します……。

3/18

カンパヌラパープル

鋭敏
神秘的
高貴

ツリガネ草の花の色　campanula purple

あらゆるものに敏感な神秘的な人

高貴で神秘的な印象を与え、落ち着きのある態度を保ちます。この色は反射を鋭敏にし、回復を早める力があります。カンパヌラパープルといちばん相性のよい色は白、向いている職業は登山家や航空管制官、カーレーサーなどです。

例》その人は登山家です。「行きたい山に登り続けているうち、結果として、六大陸の最高峰を征服していました。南極（ビンソンマシフ）はあんなに美しいところだと思いませんでした。舞い上がる雪の結晶が、プリズムのようにキラキラと降りてきて、まるで音のない音楽を聞いているようでした」とその人はいいます……。

3/19

ビオレ

落ち着き
健康
安定感

すみれ色の濃い青紫　violet

湖のように心が静かで美しい人

精神的にも肉体的にも健康で安定しています。けっして大げさな考えに走ったりせず落ち着いて行動します。そして、その力は周囲の人にも及びます。ビオレと相性のよい色は白とクリーム色、向いている職業は医者、カウンセラーなどです。

例》その人は精神科医です。「カウンセリングをするときの基本姿勢は、とにかく口をはさまず聞くことです。いわば〝積極的無関心〟という立場で話を聞くこと。精神科は特殊な所といった先入観があり、悩みがあっても気軽に相談に行けない人が多い。その垣根を取り払いたい」とその人はいいます……。

3/20

落ち着き
品位
宗教的な高貴さ

古《こ》代《だい》紫《むらさき》

古い時代を連想させるにぶい紫色

いつも冷静にものごとを判断できる人

神秘的、宗教的なものを好みます。態度にも品位があり、冷静で一緒にいる人を落ち着かせます。巧みに感情をコントロールできる人です。古代紫と相性のよい色は白、向いている職業は声優や宗教家、画家などです。

例》その人は声優です。その人の声は普段でも透明感のある、甘く歯切れのよい高音です。「もともと、のどは丈夫なほうです。不調なときがあってもいつも乗り切ってきました。この23年間に本当に声が出なくなったのは3回ぐらいです。体調も、精神的なストレスものどによくないのでとても気をつけています」とその人はいいます……。

3/21

天賦の才能
神秘的
世事に無関係

ペールオーキッド

淡いライラックの花の色　pale orchid

自分のまわりの環境を美しく変える人

たぐいまれな天賦の才に恵まれています。神秘的な魅力にあふれ、まわりの環境を美しく変え、俗悪な世事に巻き込まれることはありません。ペールオーキッドと相性のよい色は暖色系、寒色系のパステルトーン、向いている職業は歌手や占い師などです。

例》その人は歌手です。「録音が全部終わると、ゆったりとした気持ちになるように努めています。反省しだすと、わりあいしつこく思ってしまいます。精神的に不安になるから終わったことは振り返らないようにし、その分、新しいことを考えたりします」とその人はいいます……。

3/22

ディープモーベット

藤のやや濃い紫　deep mauvette

どこでもだれからも好かれる人気者

品格
デリケート
控えめ

品があり、感じやすく、繊細な感覚の持ち主です。性格は控えめですが人の面倒をよくみて指導するので同性からも異性からも好かれるタイプです。ディープモーベットと相性のよい色はパステルトーン、向いている職業は棋士や舞踊家などです。

例》その人は棋士、囲碁四段で女流本因坊です。その人はピンと背筋を伸ばし、ほとんど瞬間的に碁石を盤面に置きます。数々の日本のトップクラスの試合に挑み続けてきたこの手、この指先、この頭脳——その人には、厳しい勝負師の表情は少しもなく、感じられるのは品のよいりりしさ、優しさ、たおやかさといったものばかりです……。

3/23

マロー

ゼニアオイの花の強い紫　mallow

心の友人を求めるロマンチスト

直観的性質
高尚な趣味
主観的

自分の感性を理解してもらいたいと願い、心の友を求めるロマンチストですが、感情を客観的に見ることが苦手なタイプです。高尚な趣味を持ち、文化を探求しつづけます。ひとりよがりにならないよう、まわりを見る目を持つことが大切です。マローと相性のよい色は白、クリーム色、向いている職業はライターやレポーター、報道カメラマンなどです。

例》その人はアウトドアライターです。「家の近くの公園で遊ぶことから、野原などへのハイキング、川遊び、ちょっとした山へのトレッキング、本格的なキャンプなど、自分なりの楽しみ方を見つけることが大切です」とその人はいいます……。

3/24

安定
洗練
芸術的才能

江《え》戸《ど》紫《むらさき》

紫草で染めたにぶい紫

けっして思い上がらない品格者

思い上がったり、妄想に悩まされることのない心の安定した人です。文化的志向があり、たいへん芸術家が多いのです。洗練された芸術作品を好み、人生をゆうゆうと楽しむことを心得ています。江戸紫と相性のよい色は白と紺、向いている職業はジャーナリストやイラストレーター、彫刻家などです。

例》その人はジャーナリストです。数ある解説や意見の中には、タテマエばかりに終始し、中身のないものも多いのですが、その人は別です。単刀直入、時にはそこまでハッキリとホンネをいってしまって、あとで大丈夫かしらと心配させられるほどです……。

3/25

主役の風格
個性
自信

ワインレッド

wine red

直観力と威厳で名を馳せる芸術家

個性的で直観力が抜群な芸術家タイプです。威厳があり、自分がその地位にあることを当然のことだと思う自信家です。ワインレッドと相性のよい色は白が一番で、その次が紺です。それ以外の色は調和しません。向いている職業は建築家や科学者などです。

例》その人は一級建築士です。常に体系的・科学的志向を持ち、素材主義のプランを包括的な手法で処理し、知性を吹きこんでいきます。それが業界では高く評価されています……。

新たな可能性
行動力
明哲な判断力

3/26

シルバーグリーン

灰色味がかった薄い緑　silver green

果敢に取り組む努力家

いかなる難問に臨んでも、新たな可能性の発見と努力と行動力で必ず目的を達成します。明哲な判断力を持ち、先入観を持たず人に接するので、多くの人びとに支援されます。シルバーグリーンと相性のよい色は白、向いている職業は国際政治学者や通訳、イベントプロデューサーなどです。

例》その人は国際政治学者です。「テレビの仕事と研究との両立はむずかしいのですが、研究で得た知識を社会に還元してこそ、学問の使命が達成されると思い、両方大切にがんばっています」とその人はいいます……。

天賦の美貌
精神の陶冶
自己表現

3/27

オパールグリーン

薄い緑　opal green

花の生命の広がりのように美しい人

天賦の美貌に恵まれています。あたかも花の生命の広がりが素直に本性の命令に従うように、この人の美しさは、あたり一面に広がります。才能を養い、精神を陶冶してつくり出す芸術の自己表現はまさに天性そのものです。オパールグリーンと相性のよい色は白1色、向いている職業は版画家やピアニストなどです。

例》その人は銅版画家です。しなやかな線、柔らかな線、ドキッとするほどシャープな線など、さまざまな表情の線で、独特の絵の世界をつくっています。その人は絵を直接描くより、版画として刷ったときに出る線の意外性が魅力だといいます……。

3/28

感謝
教養
思いやり

ペールアクア

薄い緑味のスカイ　pale aqua

言葉から不思議な香りが漂う人

あまりにも美しすぎて「冷たい人」と誤解されがちです。子どものころから同じ年ごろの子と遊ぶのが嫌いで、いつも大人と一緒にいました。その言葉には不思議な香りが漂い、その思いやりの深さは「心が晴れる思いです」と人から感謝されます。新しい社会にふさわしい教養を身につけています。ペールアクアと相性のよい色は白、向いている職業はレポーターや翻訳家、アナウンサーなどです。

例》その人はテレビのレポーターです。語り口調はあくまでたんたんとしているのですが、その絶妙な間合いと、的確な現場状況の描写はみるみる人びとの心をとらえていきます……。

3/29

謙虚
きまじめ
専門的知識

スプレーグリーン

薄い青味の緑　spray green

複雑な問題もあっさり片づける謙虚な人

いつも控えめで、めったに発言せず、もっぱら他人の意見の聞き役にまわります。たいへんきまじめで目立たない存在です。しかし専門的な知識を蓄え、観察と検証に基づきものごとの本質をとらえ、このうえなく複雑な問題をごくあっさりと片づけてしまいます。スプレーグリーンと相性のよい色は白1色、向いている職業は衣裳デザイナーや美術館の学芸員などです。

例》その人は映画の衣裳デザイナーです。「監督の意図をくみ、どうしたら作品を高める衣裳ができるか——わき上がるイメージ、それを具体化する手段、それらを追究していくことは現実とこだわりとの調整であるような気がします」といいます……。

3/30

パステルブルー

トレンド
情熱と安らぎ
心温まる情緒

pastel blue

気持ちの変化から創作力を培うロマンチスト

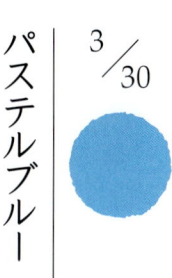

ロマンチックで心温まる情緒をたたえ、都会的な情熱と田園的な安らぎを求めます。気持ちの変化が豊かな創作力を培うのです。それまでに見られなかった仕事をなしとげ、トレンドの先端を駆け抜けていきます。パステルブルーと相性のよい色は白、灰色、向いている職業は料理家や園芸家などです。

例》その人は日本料理（会席料理）研究家です。「会席料理は器の色や料理の色・におい・味の3段階の順番で味わいます。先輩たちが積み上げてきた伝統に、ときに押しつぶされそうになりますが、自分なりの新しいアイデアを出していくことで克服したいと思います」とその人はいいます……。

3/31

ストロー

激励
深い感動
歓喜と悲哀

麦わら帽子のような薄い赤味の黄色　straw

自由に行動することができるスポーツマン

広大な感情の世界——深い感動と優しい情緒、歓喜と悲哀などを持っています。人の感情をしっかり受けとめるので頼もしく、しかも激励する力もあります。また、自由に行動できるスポーツマンでもあります。ストローと相性のよい色は寒色系の明色、向いている職業は医師やスポーツ家などです。

例》その人は循環器科の若い医師です。心臓疾患で通院してくる人たちにとって、主治医は自分の命をあずける存在です。こんな医師で大丈夫だろうか、という不安な気持ちに患者をさせないようにがんばっています……。

April 4

5	6	7
Y0 C50 M40 B0	Y0 C52 M30 B0	Y20 C8 M0 B0

12	13	14
Y40 C20 M20 B30	Y7 C7 M0 B40	Y0 C8 M8 B50

19	20	21
Y80 C80 M80 B0	Y70 C30 M0 B0	Y80 C50 M0 B0

26	27	28
Y80 C70 M0 B0	Y90 C90 M10 B0	Y82 C100 M10 B0

1	Y15	C0	M25	B0
2	Y10	C0	M30	B0
3	Y0	C0	M50	B0
4	Y10	C10	M60	B0
8	Y20	C15	M0	B0
9	Y40	C0	M25	B0
10	Y50	C0	M50	B0
11	Y20	C10	M12	B0
15	Y16	C20	M10	B0
16	Y0	C8	M0	B50
17	Y0	C12	M12	B70
18	Y0	C0	M0	B80
22	Y90	C74	M10	B0
23	Y50	C50	M0	B0
24	Y50	C40	M0	B0
25	Y60	C55	M0	B0
29	Y40	C70	M0	B0
30	Y32	C80	M0	B0

4／1

薄桜

洗練
友人
ほほえみ

幸せな雰囲気をつくり出すロマンチスト

高い知性があり、洗練された精神を持つロマンチストです。友人とは親密に交わり、生気のあるほほえみで周囲を幸せな雰囲気に包みます。薄桜と相性のよい色は白とシルバーグレイ、向いている職業は作家、文学の研究家や外交官などです。

例》その人は純文学の作家です。構想を書き記すまで、きわめて長い間温めています。テーマを広げたり狭めたりと試行錯誤し、やがて構想の全貌が見えてくると、一気に書きまくるのです。豊かな知識と資料をすばやく処理する術《すべ》を体得していることが、その人の強いところです……。

4／2

シェルピンク

詩的情緒
頭脳明晰
純粋

薄い黄色味のピンク　shell pink

天才的感性表現を持ち合わせた努力家

明晰な頭脳を持ち、個性的な魅力があります。美しいしぐさも、詩的情緒をたたえた感情表現も、澄みきった純粋さからくるものです。たいへんな努力家でもあります。シェルピンクと相性のよい色は白1色、向いている職業は自然を相手にする学者や歌手、作家などです。

例》その人は海洋学者です。海洋生態学や海洋文化・海洋民俗学などに興味を持ち、研究を続けています。北海道から沖縄まで、流氷、リアス式海岸、長い砂浜、マングローブ、珊瑚礁と変化に富んだ日本の海岸線に心が引かれるのです……。

4/3

思いやり
無邪気
想像力と技巧

フクシャピンク

ツリウキ草の紫味のピンク　fuchsia pink

トレンドを読み取る感覚にすぐれた人

気品と思いやりに満ちています。また、体型が整い、肌も美しく健康的です。自分の美しさにも気がつかない無邪気さ、非凡な知的能力、想像力、技巧を合わせ持っています。これらの長所に加え、トレンドを素早く読み取る感覚が社会で大きく評価されています。フクシャピンクと相性のよい色は白と灰色、向いている職業はタレント、ファッションデザイナーなどです。

例》その人は女優です。いつもデビューしたばかりの素人のようなういういしい新鮮な魅力があります。いつまでも不思議な、謎めいた部分を感じさせ、ほのかなお色気を発散しています……。

4/4

情緒
社交的
新たな目標

ディープオーキッドピンク

ランの花のやや濃く紫味がかったピンク　deep orchid pink

温かいもてなしに満ちた人

心の温まる情緒を持っています。温かいもてなしとのびのびとした雰囲気の家庭をつくり、社交的でもあります。その創造的な仕事は高く評価され、常に新しい目標に向かって自分自身を駆り立てます。ディープオーキッドピンクと相性のよい色は寒色系のパステルトーン、向いている職業はプロデューサーやフードコーディネーターなどです。

例》その人はテレビのプロデューサーです。ホームドラマなのか、サスペンスなのか、時代劇なのか、どういう役者でどういう作家で……と決めていきます。半年先に出るドラマのかたちの現在を〝読む〟ことに優れています……。

4／5

青《あお》藤《ふじ》色《いろ》

人づきあい
秘めた情熱
洗練

全身に注意が行き届いたベストドレッサー

心に情熱を秘めた、人づきあいのいい人です。洗練されたセンスがあり、人を美の世界に導きます。言動は控えめで少し無口なところもありますが、ものごとを簡潔明瞭に伝えるので、多くの人に好感を持たれます。新しいものと古いものを融合する力もあります。青藤色と相性のよい色は白、向いている職業はタレントや作家、舞台美術や衣裳デザインの仕事などです。

例》その人はアイドルタレントです。柔かみのある美貌、清潔感のあるエロティシズムをたたえた肢体、そしてちょっとハスキーな声……。その人はとても現代的な感覚に満ちています……。

4／6

チョークブルー

空色　chalk blue

無邪気
澄んだ視線
洗練

現実から遊離して美しさを求める人

とても無邪気です。澄んだ視線で触れるものすべてに洗練された美しさを求め、それはやがて高度に結晶した創作となるのです。時には現実から遊離してしまうこともあります。チョークブルーと相性のよい色は白、向いている職業は獣医やトリマー（動物の美容師）、ヘアメイクアーティストなどです。

例》その人は動物園の園長で、獣医です。「一言に、動物の〝お脈拝見〟といっても、患者は昆虫のように数グラムのものから数トンの象までいろいろ。カバは皮膚が厚いのでとても大きな注射針を使い、ライオンのような猛獣たちは麻酔銃やせばめ檻を使って治療します」とその人はいいます……。

4/7

多才
内向性
創意工夫

白百合《しらゆり》

いろいろなことに興味を抱いて工夫する努力家

さまざまな趣味や稽古、技術に憧れを抱きますが、すでにできているものをまねることが好きではないため、創意工夫を怠りません。多才ですが内気なところがあるので、強い指導者がいると才能が伸びます。白百合と相性のよい色は色味のある色のパステルトーン、向いている職業は研究者、医者などです。

例》その人は木の研究家です。「はじめ興味を持ったのは法隆寺でした。その柱は樹齢1000年を超えた木を使い、耐用年数も1000年を超えています。昔の人が木を慈しみ、木と語り合い、木と共存してきたことがわかります」とその人はいいます……。

4/8

薄緑色

希望
用意周到
敬愛

ほのぼのとした存在感を漂わせる人

ささやかな希望を持ち、それが実現すると次の希望を持てる人です。仕事は正確かつ用意周到で緻密に仕上げます。人から敬愛されるので、孤独になることはありません。ふんわりとした存在感が周囲を和ませます。薄緑色と相性のよい色は白、向いている職業は水泳などのスポーツの指導員や、舞踊などの師匠などです。

例》その人はスイミング・アドバイザーです。いつもまわりにエネルギーを与えている自分でいるために、自分のトレーニングにも余念がありません。体力を保つためにも、週3回は泳いでいます……。

4/9

梔子《くちなし》色《いろ》

浅い赤味の黄色

スポーツ感覚
流れる動作
高い知見

与えられた状況に応じて行動できる人

鋭いスポーツ感覚を持ち、動作は流れるように自然です。難題は状況に応じて冷静に判断し、手際よく処理します。内奥に潜む密度の高い知見は注目されています。梔子色と相性のよい色は白、向いている職業はフラワーデザイナーやメイクアップアーティストなどです。

例》その人はアートフラワーの研究家です。好きな花は野菊、つるりんどう、ジャスミンです。「技術的に好きなのはバラですが、感動や可憐さは小さな花にあります。野草は葉がいろいろな表情を持っていて、奥深いと思っています」とその人はいます……。

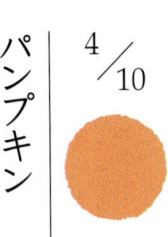

4/10

パンプキン

澄んだ瞳
清純
緻密な思考

強い黄色味のオレンジ　pumpkin

若い世代の感性を究め尽くした先駆者

白い歯が印象的な天使のように澄んだ瞳と魅惑的な明眸《めいぼう》の持ち主です。清純で人から信頼され、緻密な思考で、そのとき必要な、核心にふれたプランを立てます。若い世代の感性を究め尽くした先駆者的役割をはたします。パンプキンと相性のよい色は白、向いている職業は俳優やコピーライター、プログラマーなどです。

例》その人は舞台俳優です。「舞台は一朝一夕にはできないもの。演ずる心だけで、がむしゃらにぶつかっても、かなわない〝技〟が舞台にはあります。すばらしい先人のあとを追っていきたいと思っています」とその人はいいます……。

4/11

蒸《むし》栗《くり》色《いろ》

努力家
リアリスト
陽気

世事に通じた堅実な職人肌

堅実でまじめな努力家です。高望みしすぎず、陽気に暮らしたいと考えています。世故にたけ、現実的なことに興味を示す職人的な人です。蒸栗色と相性のよい色は白、向いている職業は航空機の技師などの技術系の仕事や実業家などです。

例》その人はマーシャラー（飛行機の誘導員）です。ものすごい音をたてながら、ジャンボジェット機が近づいてきます。「旋回、前進、停止――緊張の連続ですが、巨大な機体がパドル（ヘラ状の指示板）操作で停止線ちょうどのところに止まるときは楽しい」とその人はいいます……。

4/12

利《り》休《きゅう》白《しら》茶《ちゃ》

緑味を帯びた色

伝統を重んじる技術のある自信家

少々意固地なところがありますが、伝統に忠実です。技術も巧みで、あくまで自分の主張を押し通す自信家です。ただ、自分の才能を過信しすぎないよう気をつけてください。利休白茶と相性のよい色は白、向いている職業は工業デザインやテキスタイルのデザイナーなどです。

例》その人はクラフトデザイナーです。「自分がデザインしたものが生まれる瞬間には、充実感があります。でも自分の手がけたものが、できあがって工場のラインでワーッと、流れてくるのを見るのは怖い。とにかくできてしまった。会社も大変な投資をしている。売れるだろうかという恐怖で足がすくみます」とその人はいいます……。

伝統
技巧
主張

4/13

フロスティグレイ

霧のようなややグレイを帯びた白　frosty grey

多感で豊かな生活経験を持つユーモア人

美貌と明るい性格、機知に富み、ユーモアがあり楽観的です。また、多感で豊かな生活経験を持ち哲学的、神秘主義的なところもあります。フロスティグレイと相性のよい色は白、向いている職業は栄養士、ラジオやテレビの放送作家などです。

例》その人はフードエコロジストです。その人は栄養素をとるために次の9品目を提案しています。貝、魚（干物）、発酵食品（納豆など）、野菜、豆、海藻、種実（ごま、ナッツなど）、ドライフルーツ、動物性タンパク（乳製品、卵、肉など）です……。

楽観的
明るさ
哲学的

4/14

美貌
しなやかさ
思いやり

鼠色《ねずみいろ》

人の魂をとりこにする人

最高の美貌に恵まれています。比類のない叙情的なシルエットの持ち主です。風貌だけではなく、こまやかな心づかいや思いやり、しなやかな所作、親しみやすい言葉で人を魅了します。鼠色と相性のよい色は白、向いている職業は照明やインテリアのデザイナーなどです。

例》その人は照明デザイナーです。「新しい素材や技術を試作しているときは、大げさにいうと、船出を前にした船乗りのような気分です。一抹の不安こそあれ、ワクワクするような冒険への期待で満ちており、毎日がスリルとサスペンスの連続です」とその人はいいます……。

4/15

中立不偏
保守的
伝統

ペールミストホワイト

淡い緑味がかった白　pale mist white

義理人情に厚く正義感に満ちた人

義理人情に厚く、正義感に満ち、保守的で中立不偏な考え方をします。伝統を守り、体裁を優先し、名誉や社会的地位を維持し存続させることに努力を惜しみません。ペールミストホワイトと相性のよい色は白、向いている職業は作家や公認会計士、弁護士、税理士などです。

例》その人は作家です。「小説は、生きることの表現です。ひとりの子どもの成長を、ひとつの素材として考えて、自然を観察するように、描けたらと思っています」とその人はいいます……。

4/16

スカイグレイ

sky grey

仕事をそつなくこなす穏健派

穏健
快活
謙遜

控えめで味わい深い穏健派で、仕事をそつなくこなします。重々しくなりすぎず、力みすぎず、鋭すぎず、快活なのが長所です。スカイグレイと相性のよい色は寒色系のパステルトーン、向いている職業はスポーツ選手や通訳などです。

例》その人はフィギュアスケートの選手です。フィギュアスケーティングは技術点と芸術点の総合得点で競われますが、その際、コスチュームのセンスの善し悪しも大きく関係してくるといわれています。リンクのフェンスの色によって化粧や髪の色まで染めかえるそうです……。

4/17

バトルシップグレイ

軍艦の暗い灰色　battleship grey

どんな障害にもたじろがない堅実派

実直
責任感
客観的

非常に実直で分別のあるタイプです。仕事ではあくまでも客観的に障害を除き、堅実に責任感をもって処理するので洗練された仕上がりになります。バトルシップグレイと相性のよい色は色味のある色のパステルトーン、向いている職業は料理研究家やピアノ調律師などです。

例》その人は日本料理の研究家です。その時期、その日の材料によって、色どりを頭に置き器を選び、料理のストーリーを考えます。3原色の表現にこだわり、冬には織部の器（緑）、そして晩秋には柿の葉を使います。食材の色を失わないよう料理法も工夫します……。

4/18

機知
誇り
良心

スレートグレイ

石板の暗いグレイ　slate grey

喜びを得るために猛進する行動派

機知に富み、誇りを大切にします。素朴な良心の持ち主で頼まれると断われません。また、運命に挑戦し、やがて成功を勝ち得ます。喜びを得るために猛進する行動派です。スレートグレイと相性のよい色は色味のある色のパステルトーン、向いている職業は写真家や建築家などです。

例》その人は写真家です。追い写しで流動感を出せば〝乱れ〟を〝動〟に変えてしまうことができます。この流し撮りという手法で動きの激しい羽根つきや凧揚げでも、その人はためらうことなく動きに合わせてカメラを振ります……。

4/19

消《けし》炭《ずみ》色《いろ》

暗いグレイ

洞察力と技量を兼ね備えた人

厳粛なタイプで、風貌もそれに合っています。鋭い洞察力、融通性、技量により新しい可能性をひらき、魅力を生み出す力があり、どんな人とも誠実に対応し人を引きつけます。消炭色と相性のよい色は白と灰色、向いている職業は国税専門官などの公務員やエッセイストなどです。

例》その人はエッセイストです。その人が今夢中になっているのは世界中の砂を集めて、その砂を拡大して地球をのぞくことです。顕微鏡でのぞけば、それぞれの地域の特徴のある地質の歴史が浮かびあがってくるのです……。

厳粛
誠実
技量

4/20

若苗色

稲の若苗のような色

清らかでキラキラした感性の持ち主

規律正しい生活をし、身なりもきちんとしています。上品な言葉づかい、清らかで輝く感性、人を愛する心で人を魅了します。若苗色と相性のよい色は白、向いている職業はレポーターや雑誌・新聞の取材記者などです。

例》その人は水中レポーターです。「重要なのは何メートル以上潜ると人のからだはこうなるという知識、海の状況の判断、器材の正しいセッティング……。潜ったらどんな初心者でも依頼心を持たず自分に責任を持つことです」とその人はいいます……。

規律
言葉づかい
愛情

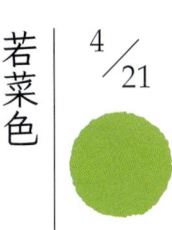

4/21

若菜色

春の七草の若菜の淡い黄緑

常に率直な姿勢で臨む素直な人

おだやかな人柄で、ものごとに対する姿勢や意見は常に率直で誠意に満ちています。自然にふれると生き生きとし、ロマンチックな音楽や風景画に引かれるセンチメンタルな人です。若菜色と相性のよい色は白、向いている職業はプロスポーツの選手や映像カメラマンなどです。

例》その人は競馬ジョッキーです。現在女性騎手として国内の優勝記録を更新中、国際大会でも活躍しています。「騎手の能力は、馬の個性をどう活かせるかということにかかっています。勝てるのは馬が馬なりにがんばってくれるからです。馬が連れていってくれるのです」とその人はいいます……。

温厚
誠意
センチメンタル

4/22

鸚《おう》緑《りょく》

オウムの羽毛の緑

遊ぶより働くことを好む行動派

自分から進んで何かをしようとする行動派です。それでいて出しゃばらない謙遜な人柄も信頼され、人びとの協力を得てすぐれた指導者になります。遊ぶことよりも仕事に喜びを感じます。鸚緑と相性のよい色は白、向いている職業はデザイナーや写真家などです。

例》その人は服飾デザイナーです。かたいコルセットや装飾過剰といった窮屈な装いから女性を解放するため、スポーツタイプのドレスを次から次へと発表します。その人のデザインは流行にとらわれることなく、スポーティで身につけやすく、親しみやすい雰囲気を持っています……。

指導者
進取の気性
謙遜

4/23

調和
順応
人間関係

葦《あし》葉《ば》色《いろ》

葦《あし》の葉に似た柔らかい緑

社会の信用を集めるしっかり者

精神と肉体の調和がとれています。環境への順応、良好な人間関係、充分な技術力で社会の信用を一身に集めます。葦葉色と相性のよい色は白1色、向いている職業はフラワーアーティストやスポーツ選手などです。

例》その人はフラワーアーティストです。「花をながめて、一番自分が感激したものを手に取り、その花の最も魅力的な部分を考えます。どう生けるかではなく、花にどう生けてもらいたいのかとたずねる。そうすると花が語ってくれたり教えてくれたりして予期せぬものができあがるのです」とその人はいいます……。

4/24

優雅
優しさ
文学

スプラウト

若芽のような浅い黄緑　sprout

文学に心ひかれる優しい人

器量も性格もよく、振る舞いも優雅で誰に対しても優しく人に好かれます。詩や小説に傾倒し、もの悲しいストーリーに深く心を動かされます。スプラウトと相性のよい色は白、向いている職業はアロマテラピー（芳香療法）など、人の心に影響を与えるものの研究家などです。

例》その人はアロマテラピーの研究家です。「ユズ湯やショウブ湯もアロマテラピーです。湯気を通して体内に取りこまれた香りの成分が、疲れをやわらげ、体を活性化してくれます。心の癒しが求められているのです」とその人はいいます……。

4/25

繊細
スポーツ
時間

エルブ

草の葉の色　herbe仏

仕事に手ごたえを感じる挑戦者

感性が繊細である一方、どんなスポーツでもこなす意欲も旺盛です。また、時間を有効に使うことの価値と方法を心得ています。手ごたえがあるならば、どんな難問にも敢然と挑戦します。エルブと相性のよい色は白、向いている職業は車のドライバーや、ミュージカルダンサーなどです。

例》その人はトラックの女性運転手です。「まずは約１００軒にも及ぶ配送先の順序を効率のいいように組み立てること、そしてトラックに荷物を積み込む際、毎日違う種類、数を判断して荷くずれしないようすきまなく積み込むのに一番神経を使います」とその人はいいます……。

4/26

向上心
人のため
完成の喜び

ディープピーグリーン

濃いエンドウ豆の色　deep pea green

才能を磨くことを忘れない努力家

仕事や作品の完成を喜びとし、向上心を持ちつづけます。また、人のために尽力しますが、過信したり疑いすぎることはありません。自分の才能を常に磨きつづける努力家です。ディープピーグリーンと相性のよい色は白、向いている職業は造形作家、映画監督や美容カウンセラーなどです。

例》その人は造形作家です。今手がけているのは楮《こうぞ》（和紙の原料）と新聞やＯＡ機器の紙クズ、セラミックなどを混ぜ合わせた作品です。「和紙と組み合わせてハイブリッド（混合種）をつくることで、和紙の静かな美しさが、ざわめき、生命のリズムを聞かせてくれれば」とその人はいいます……。

4/27

広い見識
簡潔
価値観

エメラルドグリーン

emerald green

新しいことにどんどん挑戦する自信家

型にはまらず、広い見識を養います。また、簡潔を好み誇大な表現や空虚な修辞を嫌います。たぐいまれな価値観の持ち主で、自分に自信があり、新しいことに次々挑戦し成功に導きます。エメラルドグリーンと相性のよい色は暖色系の明色、向いている職業は自然を相手にする仕事や画家、版画家などです。

例》その人は森林インストラクターです。農林水産省の認定を受け、森林内での野外活動の指導を通して、一般の人に森林の大切さを知ってもらい、森林の保護や林業の利用を推進、活性化させるための仕事です……。

4/28

成熟
バランス
創意

ターコイズグリーン

トルコ石の強い青味の緑　turquoise green

多種多様な計画を生み出すアイデアマン

バランス感覚にすぐれ、心身ともに成熟しています。創意に富み新しい計画を生み出し、成功させるのが得意です。ターコイズグリーンと相性のよい色は白1色だけ、向いている職業は園芸家や広告のプランナーなどです。

例》その人は園芸家です。他方、家庭菜園の提唱者でもあります。たとえば、一番大切なのは土づくりですが、生ごみを30センチくらいの土の中に埋め、土をかぶせ、そこにミミズを2～3匹入れるという方法を考え出しました。自然の力に驚きを感じるとともに、自然がつくり出す風景に学び直しているところです……。

4/29

ナイーブ
思いやり
神秘性

薄《うす》浅葱《あさぎ》

薄い青緑

人もうらやむなめらかな肌の持ち主

きめ細かい肌が自慢です。傷つきやすいナイーブな感性の持ち主ですが、思いやりにあふれ人に支持されます。神秘性もあり謎めいた魅力を放ちます。薄浅葱と相性のよい色は白1色のみ、向いている職業は動物の訓練士や獣医、科学者などです。

例》その人はシャチのトレーナーです。「獰猛《どうもう》な動物とされてきましたが、実際の性格は繊細というか、臆病なのです。強引に演技をさせたりすると、けっこういじけちゃったりもします。とはいえ、あくまでも野生動物。人間に慣れさせ、危害を加えないというしつけを徹底的にしています」とその人はいいます……。

4/30

希望
記憶力
協力

アジュールブルー

緑味の明るい青　azure blue

新しい知識を蓄積して成長する人

過去を気にせず、明日に希望を持てる人です。記憶力も抜群。多くの人の協力を得て、仕事も充実していきます。知識を次々と蓄積し、成長できる人です。アジュールブルーと相性のよい色は白と灰色、向いている職業は脚本家やツアーコンダクターなどです。

例》その人はテレビドラマの脚本家です。登場人物も延べ何千人にも及びました。登場人物一人ひとりの年齢や性格を考え、人物同士の心を絡ませ、多次元の心の動きをシナリオというかたちで発現させる、気の遠くなりそうな作業に魅力を感じています……。

May 5

5

Y10 C50
M0 B0

6

Y0 C60
M0 B0

7

Y0 C90
M54 B0

12

Y100 C20
M0 B0

13

Y65 C30
M20 B0

14

Y86 C70
M50 B0

19

Y60 C60
M40 B70

20

Y40 C50
M0 B0

21

Y54 C70
M30 B0

26

Y60 C0
M35 B0

27

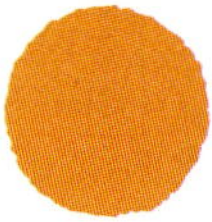

Y100 C0
M54 B0

28

Y100 C30
M72 B0

No.	Y	C	M	B
1	Y60	C80	M0	B0
2	Y90	C100	M30	B0
3	Y60	C100	M50	B0
4	Y100	C100	M20	B60
8	Y86	C90	M50	B0
9	Y100	C70	M0	B0
10	Y30	C5	M0	B0
11	Y60	C10	M0	B0
15	Y60	C20	M20	B0
16	Y100	C38	M40	B0
17	Y100	C50	M60	B0
18	Y100	C20	M40	B60
22	Y100	C80	M20	B40
23	Y100	C80	M20	B60
24	Y94	C100	M75	B0
25	Y40	C0	M25	B0
29	Y80	C62	M74	B0
30	Y0	C15	M30	B0
31	Y0	C16	M40	B0

5/1

ターコイズ

機敏な行動
叙情性
失敗を恐れない

トルコ石の明るい青緑　turquoise

陽気でだれからも愛される人気者

陽気でキビキビした行動をとる一方で、叙情性も豊かです。仕事は失敗を恐れず丹念かつ大胆に取り組み、着実になしとげます。ターコイズと相性のよい色は白、向いている職業は作詞家、放送作家、イベントプロデューサーなどです。

例》その人は作詞家です。現代を反映したユニークな叙情性があり、美しい文章は流れるようで、伝統の香気を漂わせた詞でもあります。曲がつけやすく、そのうえ曲想をうながす文脈と好評です。その人には時流に棹さすことなく失敗を覚悟で勝負に出る大胆さがあります……。

5/2

マラカイトグリーン

情熱的な瞳
ユーモア
静寂

クジャク石の濃い緑　malachite green

社交的に振る舞いながらも喧騒を嫌う自然派

情熱的な瞳、黒いふさふさとした髪が特徴的で、ユーモアがあり、鋭い感受性を持っています。それに異性を引きつけずにはおかない優しさがあります。また装飾的で寓意的な弁舌を弄する異性をひどく嫌います。社交的でありながらも静けさを好む自然派です。マラカイトグリーンと相性のよい色は暖色系の明色、向いている職業は書家、版画家、陶芸家などです。

例》その人は書家です。大学生のとき、昭和30年代の書の雑誌の中で見た書家の作品に心を打たれました。卒業後、心に決めていたその書家に師事し、本格的な書の出発点としました……。

5／3

ティールグリーン

大地への憧憬
ロマンチック
牧歌的

小鴨色の濃い青緑　teal green

澄んだ小川や耕地にあこがれる牧歌的な人

緑にもえる芳醇な大地にあこがれ、清澄な泉と小川、整然と幾何学模様を見せる耕地、静かな村々といった牧歌的風景に魅了されます。都会生活の求心的傾向も意に介さず、ロマンチックな感情の持ち主です。ティールグリーンと相性のよい色は白、向いている職業は三味線、琴などの奏者や教師などです。

例》その人は津軽三味線奏者です。使っているのは太棹《ふとざお》といって、長唄や小唄で使う普通の三味線より棹が太く、胴もふた回り大きく、その人が調弦をかねて「中じょんがら」を弾き始めると、激しくうねり、ときに軽妙にたゆたう音色がなんとも心地よいのです……。

5／4

小《こ》鴨《がも》色《いろ》

再生能力
経営力
刷新力

濃い青緑

正々堂々とした勝利のカギをにぎる人物

自分を含め、ものごとを再生する力を持っています。停滞しがちな事業を刷新し、無意識にみんなの利益になることを行います。正々堂々とした言動で自らの存在を高め、勝利のカギとなる人です。小鴨色と相性のよい色は白、向いている職業は会社経営者や編集者などです。

例》その人は経営者です。ソフト産業のベンチャー企業をめざしています。世の中の変化へスピーディーに対応できる心と体を持った集団づくりがベンチャー企業への一里塚です。その人は「感動」を大切にします。感動とは人を動かす最も良質なエネルギーだと思っているのです……。

5/5

水色

奔放な表現力
洞察力
主役

理念を形にできる芸術家

自分の気持ちを自由奔放に表現し、すぐれた洞察力で対応します。いつも主役を演じ、文学や音楽などの芸術に刺激されています。理念を形にできる芸術家肌の人です。水色と相性のよい色は暖色系の明色、向いている職業は画家や指揮者、ピアニストなどの音楽家です。

例》その人は画家です。制作したいテーマは突然頭の中に浮上してきます。テーマは理念となり、理念がその人のイメージの中で具体的な像に変わっていきます。あとはそれを実際に絵にしていくだけ。その人の絵はいつもそのようにしてできあがっていくのです……。

5/6

フォゲットミーナットブルー

直観力
優しさ
アイデア

わすれなぐさの花の色　forget-me-not blue

たぐいまれな直観力で才能を発揮する才人

たぐいまれな直観力に恵まれ、芸術の世界から企業経営の領域にわたって勘がさえているのです。次々とアイデア、画像、形状、所作を生み出します。そこでいつも「新しさ」を創出するのです。とても優しい才人です。フォゲットミーナットブルーと相性のよい色は色味のある色のパステルトーン、向いている職業は舞踊家、企業の商品開発などです。

例》その人は舞踊家です。二挺扇子を鮮やかにさばいて、さす手ひく手の美しさには若家元の貫禄充分。祖母の期待に応え、亡き父の遺志を胸に、舞踊界にさっそうとデビューする日も間近です。天性の素質と大きな器量を持っています……。

5/7

群《ぐん》青《じょう》色《いろ》

紫味を帯びた青

思慮深さ
規律正しさ
しなやか

自分の長所を理解し称賛を浴びる人気者

思慮深く、規律正しく、しばしば人びとの称賛を浴びます。自分の長所も短所も充分にわかっていますが、もっと心を広く、しなやかでありたいといつも願っているのです。群青色と相性のよい色は暖色系の明色、向いている職業は声楽家や作曲家などの音楽関係の仕事です。

例》その人はオペラ歌手です。常にプリマドンナを務めます。その人はオペラの中だけでなく、生活すべてが劇なのです。愛に悩むときはモーツァルトの歌劇「フィガロの結婚」第2幕、伯爵夫人のアリアを美しいソプラノで歌います——すなわち、愛の神様、この苦しみ、この溜め息からしばらく私をお救い下さい、と……。

5/8

千《せん》歳《ざい》緑《みどり》

松のような常緑樹の暗い緑

丁寧
辛抱
謙遜

自分の考えをまとめてから発言する慎重派

芯が強く、出しゃばらず、謙遜で控えめ、しかも辛抱強いのです。人に対してはとぎれとぎれながらも、親しみのある丁寧な話し方をします。自らの体験を反芻《はんすう》し、全体としての形をなすまで、けっして発言しない慎重派です。千歳緑と相性のよい色は暖色系のパステルトーン、向いている職業は漫画家やスポーツインストラクターなどです。

例》その人は漫画家です。その人のマンガには、自然や四季の叙情が豊かに表現されています。その人の詩を読んでみると、自然のぬくもりがじかに心に伝わってきて、忘れていた何かを思い出して、胸がジーンとなったりします……。

5/9

パラキートグリーン

調和とバランス
純粋
いちずな行動

インコの羽毛の鮮やかな緑色　parakeet green

情熱的でも自分を押しつけない行動派

すぐものごとの核心に迫ろうと一直線に情熱的に行動しますが、けっして我を押しつけることはありません。仕事は純粋な自発性によって完成させます。パラキートグリーンと相性のよい色は暖色系の中間色、向いている職業は料理研究家や経営コンサルタントなどです。

例》その人は料理研究家です。食材は〝ナチュラル、シンプル〟をモットーとしています。野菜は有機栽培を、油はもっぱらオリーブオイルを使っています。オリーブオイルは血管をきれいにしてくれます。おかげでその人のコレステロール値はたいへん低いのです……。

5/10

エッグシェル

少女らしさ
感傷的
寛大

薄い赤味の黄色　eggshell

たわむれの恋におちいらないしっかり者

少女らしさを残しています。人柄は寛大で気前がいいのですが、感傷的になるところもあります。しかし心を乱す恋にはけっしておちいらないしっかりしたタイプです。少々気むずかし屋のところもあります。エッグシェルと相性のよい色は暖色系のパステルトーン、向いている職業は健康に関する研究家などです。

例》その人はフットケアの研究家です。ヒトが他の哺乳類と違う点は直立歩行をすることで、そのために足は酷使されているのです。その人は足の医学的実証に基づく靴のデザイン研究に取り組んでいます……。

5/11

レタスグリーン

新しもの好き
挑戦
話好き

浅い黄緑　lettuce green

失敗を覚悟で新しいことに臨む挑戦者

仕事も趣味も通俗的な紋切り型には見向きもしません。はじめから失敗を覚悟で、新しい分野に挑戦したがります。少々食べすぎになりがちなおしゃべり屋さんです。レタスグリーンと相性のよい色は暖色系の明色、向いている職業は漫才師、落語家や舞台の大道具、小道具製作などです。

例》その人は漫才師です。地獄のような稽古の毎日で、ネタ合わせをしているうちに、相棒とつかみ合いのけんかになったこともあります。〝今日より明日がいい日と考えよう〟という相棒の言葉にその人もその気になって、ひたすらがんばっています……。

5/12

シャルトルーズイエロー

グルメ
社交的
田園的生活

スペインのリキュール、シャルトルーズの水割りに見られる緑味がかった黄色　chartreuse yellow

誠実な人柄と社交性が混在した人

上品で誠実な人柄です。また、グルメ指向が強く、おいしいものには目がありません。社交性もありますが、平和な田園的生活にあこがれます。シャルトルーズイエローと相性のよい色は暖色系の明色、向いている職業はソムリエやケーキ作りの職人など食に関する仕事です。

例》その人は女性ソムリエです。ソムリエはレストランなどでワインを中心にお酒の管理、サービスをします。ワインの鑑定はもちろん、ワインを判定する日本ソムリエ協会の認定試験を突破した女性ソムリエの草分け的存在です……。

5/13

枯《かれ》草《くさ》色《いろ》

知力・体力
正確な理解力
アイデアの具体化

自分の考えを適確に言葉にできる才人

規則正しい生活のもとに、健全な知力と体力を養える人です。どんな課題も正確に理解し完遂させる力があります。思いついたアイデアを具体化させる力を持っています。枯草色と相性のよい色は橙色、向いている職業は花屋や雑貨屋などのお店の経営者や図書館司書などです。

例》その人はフラワーショップの経営者です。花・植木市場では鉢花、切り花、観葉植物が主要品目で、3年ぐらいのサイクルでその中の1品目に人気が集中します。切り花の売り上げの7割は女性で、意外なことに地味な花に人気が集中していて、残る3割が男性で派手な花を買うそうです……。

5/14

オリーブ色

olive

自然
優しさ
生活を見すえる眼

花や草を愛し育てる喜びを知る自然派

花や草などの自然を愛し、育てる優しい心の持ち主で、それは人に対しても同じです。生活を見すえる眼も持っています。オリーブ色と相性のよい色は暖色系、向いている職業は調香師やフラワーデザイナー、トリマー（動物の美容師）などです。

例》その人は香りの研究家です。それも自然の香りです。樹木の香りを浴びる森林浴では、ストレスが減少するといいます。また木材や畳の香りが漂う和室でのリハビリは心理的ストレスが病室の半分以下、作業能率も向上するといいます。現代病の解決へ少しでも力になれればと思っています……。

5/15

良心
向上心
体系化

コロニアルイエロー

にぶい黄色　colonial yellow

常に知識を蓄える心を持つ向上心豊かな人

常に良心的に行動して、向上心に燃えています。重厚な知見を蓄え、学問のマスターにかけては大変熱心です。ものごとを体系的に考えることが得意です。コロニアルイエローと相性のよい色は橙色、向いている職業は研究者や美術館・博物館の学芸員などです。

例》その人は栄養学部の教授でサトイモの研究家です。サトイモが中国や南方経由で日本にやってきたのは、縄文時代です。最近、含有成分のはたらきにより、ガン抑制効果がきわめて高いことが分かり、ますます研究に熱が入ってきています……。

5/16

実直な生活
細心の注意
強情な気性

ペールマスタード

濃い黄色　pale mustard

堅実でガンコな気質の名人肌

天才的な人物です。強情な気性の持ち主で生活は堅く、地味ですが、コツコツと細心の注意を払い正確に仕事をするため、とびぬけた成果を生むことがあります。ペールマスタードと相性のよい色は暖色系のパステルトーン、向いている職業は俳優やタレント、手芸家などです。

例》その人はタレントです。夏の夜には、クーラーを止めて窓を開け、夜風を通しながら香を焚きます。お茶屋さんのマネをして楽しむのだそうです。そして美しい月を見あげていると、やがて心が洗われるような、素直な気持ちになれるそうです……。

5/17

明敏さ
抜け目なさ
洞察力

ゴールデンオーカー

ゴールドがかった土色　golden ocher

自分の見解を譲ろうとしないガンコ者

生来の明敏さによる洞察力があり、抜け目がありません。自分の見解に固執し譲ろうとしないところもあるようです。〝やり手〟といわれるような人ですが、ワンマンにならないように。ゴールデンオーカーと相性のよい色は暖色系のパステルトーン、向いている職業は健康・美容の研究家や園芸家などです。

例》その人は美容研究家です。単にスマートになればいいということではなく、健康をそこなわずにスタイルをよくし、同時に肥満による高血圧や肝臓、腎臓などの機能障害を正常なはたらきに戻すダイエットのやり方を研究しています……。

5/18

明確な発言
学識
保守的

オリーブ茶

知識が充実した穏健派

発言が明確でしっかりした人物という評価が高く、穏健な性格で信頼されています。保守的傾向がありますが、分別のあるタイプで学識はすこぶる充実しています。オリーブ茶と相性のよい色は橙色の明色、向いている職業は学者や評論家、ニュースキャスターなどです。

例》その人は女性評論家です。科学、老人問題に取り組んでいます。科学はすでに話が決まって雑誌の連載を準備中です。美しく年をとり、イキイキと生きたいと〝加齢〟について研修中。また、推理小説も執筆中。女性でなければ書けない、そんなミステリーを考えています……。

5/19

中立不偏
公平無私
バランス

千《せん》歳《ざい》茶《ちゃ》

暗い灰色味のオリーブ色

どんな問題にも対応できるすぐれた調停者

バランスのとれた人です。趣味や嗜好はきわめてクラシックで、ふだんの生活はシンプル。日本の古典的なものを好む傾向があります。常に中立不偏、公平無私を信条とし、あらゆる問題に対応できる調停者です。千歳茶と相性のよい色は色味のある色の明色、向いている職業は工業デザイナー、プログラマーなどです。

例》その人は車両デザイナーです。イギリスではじめて蒸気機関車が走ってから、鉄道もスピード第一から人間工学に基づくより快適な乗り心地の列車をめざしています。新幹線から地下鉄まで、外観、運転台、座席、窓、照明など車両にかかわるさまざまなデザインを手がけています……。

5/20

センチメンタル
美しい容貌
ロマンチック

ディープアクア

やや濃い水色　deep aqua

センチメンタルな幸福の天使

センチメンタルで涙もろいところがあり、ロマンチックなものを好みます。また、その美しい容貌はほのかに香る香水のような魅力を持っています。多くの人に幸せをもたらす天使のような人です。ディープアクアと相性のよい色は暖色系のパステルトーン、向いている職業は料理や酒づくりなどの職人や作詞家などです。

例》その人の仕事は泡盛《あわもり》づくりです。毎朝8時ごろ、酒造所へ行きます。原料の米をといで蒸し、黒麹菌《くろこうじきん》を混ぜ、酵母を加えて発酵させ、仕込まれたモロミを蒸留し3ヵ月寝かしてろ過し、ビン詰めにします。どの工程も微妙な温度管理が必要なうえ、ラベル貼りまで、すべてその人がやるといいます……。

5/21

頭脳明晰
技巧
適応能力

緑青《ろくしょう》

にぶい緑

常に刺激や感動を求め続ける前向きな人

感覚が鋭く、頭脳明晰。さらに巧みな技術を持ち、現状に満足することなく前進を試みます。また、社会の趨勢《すうせい》や周囲の変化を読みとり、すぐに環境に適応し、なんらかの感動を求めつづけます。緑青と相性のよい色は色味のある色のパステルトーン、向いている職業はアクセサリーや美術工芸の製作者や研究家などです。

例》その人はダイヤモンドの研究家です。一般的にダイヤモンドは無色透明だと思われていますがレッド、ブルー、グリーン、イエロー、ブラウンとさまざまなものがあります。独特な輝きを持つダイヤの魅力にとりつかれ、いっそう研究に身を入れる毎日です……。

5/22

スプルースグリーン

律儀な働き者
ハッピーエンド
バランス

エゾマツ、モミなどの葉の緑　spruce green

無償の愛情にあふれた人情家

バランスのとれた人柄で働き者です。愛情にあふれ、人からも愛され、最後はほとんどハッピーエンドになります。スプルースグリーンと相性のよい色は色味のある色のパステルトーン、向いている職業は保育士、看護師や作家などです。

例》その人は作家です。たとえば平凡な人にも特有の生き方をうかがえる一瞬があり、自分のアンテナで、それをキャッチしていくのが好きだといいます。評論やエッセイは理路整然とした文章で明確に書きます。そこからこぼれ落ちた感性や情念は、小説を書くうえでの大事な要素になっています……。

5/23

ボトルグリーン

自然
個性
寛容

緑色のガラスビンの暗い緑　bottle green

いつも朗らかで人をとがめない心の広い人

自然をよく知り、とくに植物を愛します。また、生まれつき個性が強いのですが、広い心の持ち主で、いつも朗らかで周囲の気分を害するような影響を与えることはありません。ボトルグリーンと相性のよい色はすべての色味のある色、向いている職業は記者や外交官などです。

例》その人は雑誌の記者です。「この仕事の一番のメリットはいろいろな人に会えること。サロンでのつながりはもちろんですが、そこからまた新たな人との出会いがあります。会いたい相手には、必ず紹介してくれる人が見つかります」とその人はいいます……。

5/24

サイプレスグリーン

調和と協力
気くばり
まとめ役

イトスギの暗い緑　cypress green

みんなから信頼を集める親分肌

多くの人の協力で仕事をやりぬくタイプです。説明が分かりやすく、気くばりが行き届き、人の話をよく聞くので、周囲から信頼されます。まとめ役に向いています。サイプレスグリーンと相性のよい色は色味のある色のパステルトーン、向いている職業はジャズなどのポピュラー歌手やセラピストなどです。

例》その人はジャズシンガーです。「この世界では、才能はあるのにそれを活かしきれない人が多い時代もありました。今はマルチ時代。歌もバッチリ歌えて、それでいてほかの手段でも自分を表現できなきゃだめだと思う」とその人はいいます……。

5/25

ネイプルズイエロー

朗らか
順風満帆
スポーツ

クチナシの実からとる色素の浅い赤味の黄色　naples yellow

面倒みがよく人に慕われる人気者

朗らかでどこでも人気者になります。とくに後輩の面倒をよくみるので慕われます。順風満帆の生活を理想とし、スポーツに熱中します。激励されるとうれしくなり、いっそうはりきります。ネイプルズイエローと相性のよい色は寒色系のパステルトーン、向いている職業は歌手やスポーツ選手、弁護士などです。

例》その人は弁護士です。7年間〝イソ弁〟といって先輩の事務所に勤めて給料をもらう勤務弁護士でしたが、独立しました。「刑事でも民事でも何でも手がけます。人間のイヤな部分に直面するのが弁護士の運命ですが、真実を追求することに充実感を感じます」とその人はいいます……。

5/26

生命力
ロマンチスト
情熱

マリーゴールドイエロー

マリーゴールドの強い赤味の黄色　marigold yellow

太陽のように陽気な健康美の人

底知れぬ生命力を秘め、そのエネルギーが次々に高度な仕事に向かわせます。ロマンチストですが、積極的で前向きです。学問、芸術、スポーツに挑戦する情熱的な健康美の人です。マリーゴールドイエローと相性のよい色は寒色系のパステルトーン、向いている職業は画家やグラフィックデザイナーなどです。

例》その人は画家です。子どもの絵画教室を開いています。教えるというより、絵を描く場を与えるだけで、好きなように描かせます。描く対象をきちんと見ることをすすめ、お化けを描く子がいても評価し、その子の特質を伸ばすようにしています……。

5/27

たくましさ
英知
束縛からの解放

山《やま》吹《ぶき》色《いろ》

陽気で温かい心を持つ自由を愛する人

この色を好む人はたくましい生命力にあふれ、深い英知を蓄えています。生来の陽気で温かい気性が障害をいつのまにか克服し、精神的啓蒙をやってのけます。世事から精神的に束縛されません。山吹色と相性のよい色は寒色系のパステルトーン、向いている職業は家庭裁判所調査官など少年少女の問題を解決する仕事や園芸などの研究家です。

例》その人は園芸研究家です。「ヒヤシンスの水耕栽培を提唱しています。ギリシャ神話では、美少年ヒュアキントゥスが円盤投げの円盤に打たれて命を失い、その場に萌《も》え出て咲いたのがヒヤシンスだといわれます」とその人はいいます……。

5/28

オールドゴールド

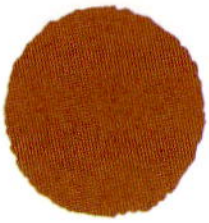

伝統の継承
観察力
仕事を趣味に

にぶいゴールドがかった土色　old gold

楽しみながら仕事ができるしっかり者

この色を好む人はしっかりした人物で、伝統工芸の継承に向いています。生来の緻密な観察力が生きて、次から次へとすぐれた作品をつくり、その技術は高く評価されます。仕事を趣味にできる可能性があります。オールドゴールドと相性のよい色は寒色系、向いている職業は伝統工芸の作家や美容師などです。

例》その人は人形制作作家です。パリに留学したとき、美術学校で知り合ったある画家の家で、はじめてビスクドールを見ました。それに一目で魅せられて自分でつくってみたいと思い、見よう見まねでつくり始めました。表現する楽しさ、自分自身を生み出すような気持ちに、夢中になっています……。

5/29

コーヒーブラウン

規律
模範
自信

暗い黄色味のブラウン　coffee brown

常に向上できる技量を持った人

規律正しい生活をし、規範となることを誇りに感じます。自分に自信があるので逆境にもくじけず立ち向かっていけます。コーヒーブラウンと相性のよい色は白と黄、向いている職業は健康管理のコーディネーターや薬剤師などです。

例》その人はダイエットコーディネーターです。「油を抜けばカロリーは減りますが、腹持ちが悪く、すぐおなかがすいてしまいます。食品はひとつに偏らず、幅広くいろんなものをとるのがベスト。食べものも運動も美容も全部合わせて健康に、という総合的なフィットネスをすすめています」とその人はいいます……。

5/30

ロマンチスト
知識
思いやり

灰桜《はいざくら》

薄いピンク

優雅さと洗練されたシルエットの持ち主

優しい思いやりがあり、いつも夢を追い求めているロマンチストです。身のまわりのことへの興味も強く「知りたがり屋」です。優雅で洗練された外見から想像できないほど経験科学の知識があり、ときにハッとする識見を表明します。灰桜と相性のよい色は寒色系のパステルトーン、向いている職業はレポーターや記者などです。

例》その人は芸能レポーターです。「レポーターの仕事で一番大切なことは、いかにして本人から本当のことを話させるかということです。どうしても本人が話さないときは、視聴者自身が判断できるような情報を与えること」とその人はいいます……。

5/31

豊かな教養
崇高な理想
才人

薄《うす》紅《べに》色《いろ》

紫味のピンク

ものごとをテキパキとこなす敏腕家

教養が深く、気高く高貴な人柄で才人と呼ばれます。むずかしいと分かっていても崇高な理想に向かって進んでいきます。いいかげんな異性は寄せつけません。薄紅色と相性のよい色は色味のある色のパステルトーン、向いている職業は料理研究家や教育者、グラフィックデザイナーなどです。

例》その人は懐石料理の研究家です。「茶の湯における懐石は、材料は必ず旬のものを使う。奇をてらわず自然の味を活かす調理を心がける。できあがった一番おいしいときに食べられるよう、美しく器に盛って、タイミングよくおすすめする。これが大切です」とその人はいいます……。

June 6

5	6	7
Y40 C16 M0 B0	Y60 C30 M20 B0	Y70 C68 M46 B0
12	13	14
Y100 C0 M28 B0	Y100 C0 M38 B0	Y30 C0 M18 B0
19	20	21
Y50 C0 M30 B0	Y80 C0 M50 B0	Y100 C30 M60 B0
26	27	28
Y20 C0 M80 B0	Y40 C0 M80 B0	Y70 C0 M100 B10

1

Y0 C30
M40 B0

2

Y0 C90
M100 B0

3

Y30 C80
M100 B0

4

Y20 C5
M0 B0

8

Y80 C76
M62 B0

9

Y45 C0
M0 B0

10

Y60 C0
M0 B0

11

Y100 C0
M18 B0

15

Y40 C0
M36 B0

16

Y60 C30
M50 B0

17

Y80 C48
M68 B0

18

Y80 C64
M80 B0

22

Y100 C44
M90 B0

23

Y100 C70
M100 B0

24

Y10 C0
M35 B0

25

Y15 C10
M60 B0

29

Y0 C50
M10 B0

30

Y0 C80
M40 B0

6/1

美しい容姿
自分への投資
うぬぼれ

ペールクロッカス

クロッカスの花の淡い赤紫　pale crocus

気高さを持つ非の打ち所のない容姿の美しい人

気高く、非の打ち所なく、匂うばかりに美しい容姿を持ちます。ただうぬぼれが強く、お高くとまってしまいがちです。自分のために、積極的に投資します。ペールクロッカスと相性のよい色は色味のある色の明色、向いている職業は事業家やファッションモデルなどです。

例》その人は事業家です。その人の器量は宇宙的な茫洋たるスケールときめの細かい叙情とが同居する不思議なものです。「世の中が豊かになり個性化が進むにつれて価値観も大きく変わり、今は『論理より生理の時代』であり、『変化の時代は心の時代』でもある」とその人はいいます……。

6/2

気まぐれ
気前
チャーミング

菫色《すみれいろ》

けっして媚《こ》びへつらわない気高い人

太っ腹で気前がよく、チャーミングで、異性のリビドー（性的衝動）を刺激します。媚びへつらうことを好みません。うぬぼれが強く、気まぐれなところに注意してください。菫色と相性のよい色は色味のある色のパステルトーン、向いている職業はスポーツのインストラクターやツアーコンダクターなどです。

例》その人はフラダンスのインストラクターです。「1曲、だいたい2～3分。悲しい歌のときでも、悲壮感はまったくありません。楽天的な踊りだと思う」とその人はいいます……。

6/3

プルプル

のんきな
真理の探究
孤独な闘い

ロイヤルパープルのような濃い紫　pourpre仏

常にバランスを心がける人

のんき者ですが、知識を求めることには貪欲で、孤独な闘いもいといません。その研究心には並々ならぬものがあり、周囲は唖《あ》然《ぜん》として見守るだけです。常にバランスをとるよう心がけます。プルプルと相性のよい色は色味のある色の純色、向いている職業はイラストレーターや哲学者などです。

例》その人はイラストレーターです。24歳で独立しました。フリーなら積極的に売り込んでいくのが当たり前ですが、内向的で行動力がないその人は、とにかく来た仕事をひとつずつ丁寧にこなしていきました。そうした中で少しずつ具体的なアイデアがわき出てくるようになってきました……。

6/4

ペールホワイトリリー

無邪気
豊かな才能
刺激

白ゆりの薄い黄緑　pale white lily

純真な心の持ち主

純真で、無邪気な自分に気づいていないところがあり、子ども時代に戻りたいという願望さえ秘めています。才能に恵まれ、常に刺激を求めます。ゲーテの「青年は教えられるよりも刺激されることを欲する」という言葉そのままの人です。ペールホワイトリリーと相性のよい色は寒色系のパステルトーン、向いている職業は俳優や薬剤師などです。

例》その人は女優です。「もっと生活と深く結びついた〝楽しさ〟〝躍動感〟のある、人間がはみ出してくるような芝居がしたい」とその人は感じはじめました……。

6/5

規則正しい生活
正確な仕事
逆境への強さ

ペールフレッシュグリーン

淡く冴えた黄緑　pale fresh green

リズムのある生活を楽しむ人

規則正しく、堅実なリズムのある生活を楽しみ、急激な環境の変化などの逆境に遭遇しても動じない強さがあります。正確な仕事により、多くの人に信頼されます。ペールフレッシュグリーンと相性のよい色は色味のある色のパステルトーン、向いている職業は料理、工芸などの職人や秘書などです。

例》その人はパン職人です。作業は、仕込みに始まって、発酵、成型、かま入れ（オーブン）まで、常に時間と温度、湿度に気を使います。出勤時間は朝6時、仕込みは真夜中。泊まり込んで一日中働くこともあります……。

6/6

人道主義
サービス精神
洞察力

メロンイエロー

にぶい緑味の黄　melon yellow

人間関係を大切にする平穏な心の持ち主

穏健でサービス精神旺盛で人間関係を大切にします。他人の軽率さに悩まされますが、屈せずに自分の目的を貫きます。善意の心に富んだ人道主義者で、科学的洞察力に秀でています。メロンイエローと相性のよい色は暖色系の明色、向いている職業は古典芸能の継承者や科学者などです。

例》その人は女性義太夫師です。世話物、艶物が得意で、色っぽい、華のある語りにすっかりとりこになり、義太夫の義理人情の世界に無理なく入りこんでいます。その人の語りは、野太い太棹《ふとざお》の三味線にのって、時に哀切に時につややかに響きわたっていくのです……。

6/7

エルムグリーン

ニレの樹の緑　elm green

清廉潔白
強靭な精神力
愛想

コミュニケーション上手な国際派

清廉潔白がモットーで強靭な精神力を持ち、仕事への情熱は高く評価されています。他人の見解や行為を寛大に受けいれ理解し、愛想もよく、すぐれた知性の持ち主です。エルムグリーンと相性のよい色は色味のある色のパステルトーン、向いている職業はコピーライターや花屋など、小さなお店のオーナーです。

例》その人はコピーライターです。「仕事は性にあっているから心変わりしたことは一度もありません。文章というより文字が好きなのです。旅先のホテルに置いてある聖書の文字を見ているだけでも安心します」とその人はいいます……。

6/8

オリーブドラブ

くすんだオリーブ色　olive drab

愛情
バランス
語学堪能

他人の見解や行為を寛容に受け入れられる人

バランスのとれた人柄で働き者です。誠意にあふれ、愛情に満ち、人の道をけっしてふみはずしません。楽器を上手にこなし、リズム感に秀でています。また、語学堪能で世界で活躍します。オリーブドラブと相性のよい色は色味のある色のパステルトーン、向いている職業はピアニストや通訳などです。

例》その人はピアニストです。コンサートの緊張感が怖さでもあり、楽しさでもあります。音楽は時間芸術、上手に弾くことよりも、いかに人の心を引きつけられるかが大切だと思っています……。

6/9

クレーム

身だしなみ
洗練
品格

クリームのような白っぽい黄色　crème仏

見目よい容姿が周囲の注目を集める品格者

品格があり、身だしなみもよく堅実な人柄で周囲の注目を集めます。とくに幾何学模様を好みます。明色を上手に着こなし、洗練という言葉がピッタリするタイプです。クレームと相性のよい色は寒色系の純色、向いている職業はシンガーソングライターやジュエリーデザイナーなどです。

例》その人はシンガーソングライターです。その無邪気さはとても魅力的です。「以前は、きらびやかな花ばかり見ていましたが、今は、山奥にポツンと咲く花へ目がいくようになりました。ありのままの自分をさらけ出すのがいちばん説得力があります」とその人はいいます……。

6/10

レモン色

明るさ
現実
経営力

明るくまわりの人を元気づける自信家

太陽のような性格で、周囲を明るく元気づけ、公私によらず自信をもってものごとに臨みます。また、現実的にものごとを考え、とくに経営手腕に目をみはるものがあります。レモン色と相性のよい色は寒色系の純色、向いている職業は歌手や税理士などです。

例》その人は歌手です。歌はその人の生きがいです。「辛いときも悲しいときも歌があったからこそ、こうして生きてこれたし、今後もそういう積み重ねを財産として昨日より今日、今日より明日というように、同じ曲でも一回一回大切に心をこめて歌っていきたい」とその人はいいます……。

6/11

黄《き》水《ずい》仙《せん》

学問
研究開発
企画力

最先端に立って研究を楽しむ情熱家

学問に対して強いあこがれと情熱があります。テーマを見つけることがうまく、企画立案にすぐれ、研究開発など最先端領域での担い手になります。また、家庭も仕事も大切に考えます。黄水仙と相性のよい色は寒色系、向いている職業は工芸作家や学術団体の研究員などです。

例》その人はグラスアート作家です。第三者から与えられたテーマを受け入れていくことで、自分の中の可能性が引き出されます。当然厳しい批評や評価を受けますが、今はそれによって磨かれていく自分を感じているといいます……。

6/12

サフランイエロー

体力
整った容姿
身だしなみ

サフランの花の明るい黄色　saffron yellow

食べることを楽しみつつコントロールできる人

体力に自信があり、めったに医者にかかりません。食通ですが、スポーツもこなし、クリーンカット（スッキリ整った容姿）に執着し、こざっぱりした身だしなみには定評があります。サフランイエローと相性のよい色は寒色系、向いている職業は舞踊家やスポーツ選手などです。

例》その人はパントマイミストです。「マイムには、体の言葉、文法があります。物を持ち上げるときに体がどう動くか、悲しいときにどう動くかなどを分析し、それに沿った動作をする。言葉や物がなくてもそれらを表現できる。これは、ひとつの科学だと思います」とその人はいいます……。

6/13

ひまわり色

話し好き
健康的な生活
向上心

冴えた赤味の黄色

希望に胸をふくらませる明るい人

明るく抜け目がありません。話し好きでユーモアのセンスがあり、健康的な生活を送ります。また、都会的服装を好み、常に希望を抱き現在の境遇からの脱却を求めます。変化のための変化を求めてひたすら向上心を燃やします。ひまわり色と相性のよい色は寒色系、向いている職業は編集者、薬剤師などです。

例》その人は新聞社で校閲を担当しています。新聞の用語や誤字などを正す校正と事実確認が仕事です。たいへんな忍耐力を必要とする仕事なのですが、急を要するときには反射神経が頼りなのです……。

6/14

アイボリー

信頼
誠実
保守的

ivory

中間的立場をとる控えめな人

保守的で情緒不安定なところがありますが、正直で信頼されます。与えられた仕事や義務に労を惜しみません。何ごとにも中間的立場をとる控えめな人ですが、徹底した誠実さと公正な姿勢が何より長所となっています。アイボリーと相性のよい色は暖色系のパステルトーンと白、向いている職業はアナウンサーや三味線奏者などです。

例》その人は講談師です。講談は江戸市民の貴重なメディアで、講談師はニュースや歴史の解説者、ニュースキャスターのような存在だったといいます。今、その役割は変化していますが、灯は消さないように、とがんばっています……。

我慢強さ
猪突猛進
好奇心

6/15

ライトアプリコット

light apricot

徹底した誠実ぶりが長所の人

将来の見通しに対して不鮮明なところがありますが、我慢強く誠実です。そして時には、猪突猛進します。知りたい、理解したいという欲望の力が強く、「オヤ?」と思うとすぐ首を突っこみますが、その後の行動は驚くほど論理的です。ライトアプリコットと相性のよい色は寒色系のパステルトーン、向いている職業は美術館の学芸員や図書館司書などです。

例》その人は学芸員です。絵の保存から画家や作品の調査研究、美術教育まで、地道な仕事ですが、男性にも女性にも狭き門です。「美術館の特長を見きわめ、ひとつひとつていねいに仕事をしてきました」とその人はいいます……。

6/16

評価
刻苦精励
ねばり強さ

黄《おう》土《ど》色《いろ》

浅い黄色味のブラウン

努力により目標達成に近づくコツコツ型

飛躍的な展開が期待できないことにもコツコツ努力を重ねます。最後の踏んばりをきかせるようにすると、高く評価されます。ゲーテは「常によい目的を見失わず、努力をつづけるかぎり、最後には必ず救われる」といっています。黄土色と相性のよい色は寒色系、向いている職業は舞踊家、棋士などです。

例》その人は観世流女性能楽師です。女性能楽師の歴史はまだ始まったばかり。男を想う女の執念を描いた「道成寺」を舞いたいという思いが、その人の能楽師としてのスタートになったのです……。

6/17

エキスパート
感情的安定感
仕事が趣味

オールドローズ

ローズのにぶい色　old rose

経験を知識と技術として蓄える注目の人

長い経験によって高度の熟練を体得していきます。職場ではエキスパートといわれ、感情に安定感があり、後進を育て、力強い後ろ盾になってくれます。読み、書き、話し、聞くの4技能にすぐれ、外国語も堪能です。仕事が趣味です。オールドローズと相性のよい色はこげ茶、向いている職業は翻訳家や通訳などです。

例》その人はコスチュームデザイナーです。「女性には必ず〝こういうところがかわいいな〟という部分があり、それを見つけて誇張するのが楽しい。だから流行にはこだわらない。ヒントは生身の人間から。情報誌より人を見ていたほうがインスピレーションがわきます」とその人はいいます……。

6/18

マホガニーブラウン

自信
落ち着き
自然との生活

マホガニーの木肌のような茶色　mahogany brown

ユーモアのセンスにあふれた堅実派

落ち着いて自信に満ちています。ユーモアのセンスも抜群です。堅実な生活をモットーとし、自然を愛し、自然にふれて生活することに無上の喜びを感じます。マホガニーブラウンと相性のよい色は色味のある色のパステルトーン、向いている職業は俳優、ハーブ栽培家などです。

例》その人は女優です。「年齢に関係なく中身で勝負できる女優になりたいというのが若いころから私の理想でした。舞台も映像もおもしろい。やっと自分のやりたい仕事ができるようになりつつあります。悲しいんだけど笑わせるような本物の喜劇ができる女優になれたらと思います」とその人はいいます……。

6/19

卵色

スポーツ
健康
組織づくり

スポーツ好きで力尽きるまでやるがんばり屋

スポーツを好み、運動後の爽快感が忘れられません。食べるのも好きですが、きちんと健康管理をします。また、組織づくりが上手ながんばり屋です。相性のよい色は寒色系のパステルトーン、向いている職業はエッセイストや登山家などです。

例》その人は女性エッセイストです。「来る日も来る日も書いていますから、週2回、空手に行って神経を集中させます。それで足腰を鍛えるのがすごくいいんです。直接当てるフルコン（フルコンタクト）空手で、男の子相手に練習するから、怖くてしかたありません。でも、その緊張感がいいですね」とその人はいいます……。

6/20

社交的
友人
エネルギー

サンライトイエロー

日だまりのような暖かい黄色　sunlight yellow

常に行動をもって先導する模範生

社交的で友だちを大切にします。また、常に行動を起こし、絶大なエネルギーで逆境を克服します。ビート感のあるリズムを好みます。底知れぬ力を持っている模範的な人です。サンライトイエローと相性のよい色は寒色系、向いている職業は工芸作家やテレビ番組のプロデューサーなどです。

例》その人はキャンドルクリエーターです。20年前のクリスマスに、はじめてドライフラワーとキャンドルのコーディネーションをしました。「ロウは液体だから、どうにでもなる。つくる段階でのロウのおもしろさを知って以来20年キャンドルとつきあっています」とその人はいいます……。

6/21

金《きん》茶《ちゃ》色《いろ》

芸術
スポーツ
グルメ

ブラウン味のゴールド

料理道具にもこだわる美食家

静物画を好む芸術好きですが、スポーツもこなす万能タイプです。食材はもとより道具にもこだわりを持つ食通でもあります。体をしめつけない服を好みます。金茶色と相性のよい色は白、向いている職業は料理や菓子の研究家や染色家などです。

例》その人は菓子研究家です。「お菓子づくりに必要なものは情熱と好奇心です。そして私はアマチュアの精神を大切しています。アマチュアのようにテクニックに走らず、プロの職人さんとは別な世界を楽しむようにしています」とその人はいいます……。

6/22

ガーネットブラウン

エネルギー
忘我の境地
話し好き

ザクロ石の濃い赤味を帯びたブラウン　garnet brown

人好きで愛想をふりまくはしゃぎ屋

力強いエネルギーの持ち主です。ひとたび仕事にかかると忘我の境地で、疲れ果てるまで没頭します。お人好しではしゃぎ屋、愛想をふりまくおしゃべり屋さんです。ガーネットブラウンと相性のよい色は焦げ茶、向いている職業はイベントプランナーや歌手などです。

例》その人はパーティプロデューサーです。何が目的なのか、それをいかにして招待客の心に印象づけて帰すかが、プロデューサーの大きなポイントです。会場はリビング型かダイニング型か、テーブルの置き方、高さひとつでもまったく違ってきますが、そこが腕の見せどころとがんばっています……。

6/23

希望
向上心
指導力

海《え》老《び》茶《ちゃ》

伊勢エビの暗い赤味のブラウン

人生経験により円熟する寛大な人

逆境にあっても希望を捨てません。情熱をかきたて、常に向上したいと願います。自分の人生経験から寛大な人になり、多くの人から信頼される指導的な才覚を磨きあげていきます。海老茶と相性のよい色は色味のある色のパステルトーン、向いている職業は通訳や検察官、裁判官などです。

例》その人はトレーニングコーディネーター（研修監視員）です。外務省が海外から招待した研修生の通訳が主な仕事。現在、さまざまな国から年間約６０００人が訪れ、コンピュータ、医学、経済など１９０種に及ぶ専門知識を学んでいるといいます……。

6/24

ほほえみ
優しさ
永遠のひと

ライトオーキッドピンク

ランの花の薄いライラック色　light orchid pink

妖精のように気品にあふれた人

優しさとほほえみと気品にあふれた人柄です。どこか妖精のような不思議な美しさを秘め、〝永遠のひと〟といった雰囲気があります。ライトオーキッドピンクと相性のよい色は白が最高、向いている職業は医者やジャズ、シャンソンなどの歌手です。

例》その人は医者です。音楽を聴きリラックスすることでストレスを解消する音楽療法を推奨しています。自分で好きな曲をテープなどにまとめ、家に帰ったときに流すだけでも効果はあります。ストレスによるホルモン異常が原因の頭痛、生理不順、手や足が動かなくなるなどの症状を引き起こしたときは、音楽療法が奏効しています……。

6/25

勇気
優雅
安らぎ

ペールチェリーピンク

紫味のピンク　pale cherry pink

優雅な物腰で人の心をとらえる控えめな人

顔立ちが整っていて、接する人に喜びと慰めを与え、勇気づけます。研究熱心ですが自分の功績を自慢せず、控えめな人です。優雅な物腰と心根はみんなをとりこにしてしまうほどです。ペールチェリーピンクと相性のよい色は白、向いている職業はテーブルコーディネーターやインテリアデザイナーなどです。

例》その人はテーブルコーディネーターです。北欧では、食事のときだけではなくティータイムにも、テーブルにキャンドルを用意します。のどをうるおす意味もありますが、気持ちの安らぎのほうがずっと大切だと考えているからだといいます。その人もそんな気持ちでコーディネートしています……。

6/26

人なつっこさ
崇高
プラトニック

カーネーションピンク

carnation pink

好意的で周囲の人に親しまれる永遠の恋人

人なつっこく好意的ですが、ときに崇高でおおらかな印象を与えることもあります。プラトニックな恋にあこがれるタイプです。周囲の人に親しまれる〝永遠の恋人〟のような存在です。カーネーションピンクと相性のよい色は白、向いている職業は語学教師や作家やアニメーターなどです。

例》その人は大学でフランス語を教えています。「日本人はいくつになっても勉強するのが好きな国民です。でも勉強しているだけでは自分を甘やかしているにすぎません。学んだことは何らかのかたちで仕事に活かしていかなければ。仕事となれば、責任も達成感も違うはず」とその人はいいます……。

6/27

ローズピンク

激しい気性
外向的
希望

rose pink

周囲の人を激励しチャンスを与える情熱家

激しい気性を持ち、社交的で外向的です。社会的に有意義な企画に全エネルギーを傾け、周囲の人びとを激励し、相手に好転の機会を与えてくれます。希望のある生活をつくりあげていきます。ローズピンクと相性のよい色は白、向いている職業は作家や国際協力団体職員などです。

例》その人は旅行作家です。南北に細長く弧を描く日本列島はほとんどが山地です。複雑な地形と海岸線の美しさなど旅をおもしろくする自然の驚異や、そこに暮らす人びととのふれあいはその人の執筆をかぎりなく刺激しています……。

6/28

ペッパーレッド

エネルギー
澄んだ心
友人

とうがらしの強い赤　pepper red

気前のよさで人から慕われる才人

外向的で、ありあまるエネルギーを仕事に燃焼させます。心は清澄で気前がよく人を疑うことがありません。ですから友人がたくさんできます。ペッパーレッドと相性のよい色は白、黒、灰色、向いている職業はナレーターや声優、パタンナーなどです。

例》その人はナレーターです。役者が顔の表情や動作で何かを伝えようとするように、声を効果的に使ってイメージをつくる仕事です。「画面に姿が現れると、イメージの展開が狭くなると思うのです。その意味で声だけの世界のほうがいろいろとイメージが広げられて楽しめるような気がします」とその人はいいます……。

6/29

ベビーブルー

平和な心
静穏
思慮深さ

薄いスカイ　baby blue

他人のニーズに敏感に対応できる誠実な人

平和な心の持ち主で静穏な人柄です。仕事には大胆に取り組み、他人のニーズに敏感なので、それだけ人から支持され尊敬されます。思慮深く誠実なタイプで、まさかのときは何をおいても他人を助けようとします。ベビーブルーと相性のよい色は白、向いている職業はアナウンサーや小中学校の教諭、消防官などです。

例》その人はテレビアナウンサーです。「あの番組、おもしろかったよ」「あのコメントよくなかった」など、評価が厳しいものであっても、番組のスタッフや共演者、同僚からのひとことで、どんなに落ち込んでいても立ち直ることができます……。

6/30

薄《うす》群《ぐん》青《じょう》

個性
理想
向上心

周囲を飲みこむような魅力の持ち主

まわりを驚かせるほどの個性と魅力にあふれています。周囲の人は話に思わず耳を傾け、引きこまれていきます。目的やテーマをしっかり掲げ、到達するとさらに高い理想へと進んでいきます。薄群青と相性のよい色は白、向いている職業は造園業や染色家、イラストレーターなどです。

例》その人はイラストレーターです。夢を売る商売をしている人がいるとすればその人のことといっても過言ではありません。雑誌、絵本、ファンシー商品のキャラクターなど幅広い分野で活躍しています。この仕事のおもしろさは依頼されたものを自分流に消化して好みを出せることだといいます……。

July 7

5

Y30 C70
M20 B0

6

Y30 C80
M30 B0

7

Y50 C100
M50 B0

12

Y10 C100
M82 B0

13

Y0 C100
M80 B10

14

Y0 C12
M36 B0

19

Y25 C0
M40 B0

20

Y70 C20
M60 B0

21

Y70 C20
M70 B0

26

Y80 C30
M100 B0

27

Y70 C50
M100 B0

28

Y0 C0
M18 B90

1 Y32 C100 M60 B0
2 Y34 C100 M74 B0
3 Y30 C100 M90 B10
4 Y10 C60 M0 B0
8 Y70 C100 M20 B60
9 Y0 C0 M0 B30
10 Y0 C60 M30 B0
11 Y0 C70 M50 B0
15 Y0 C28 M65 B0
16 Y0 C50 M35 B0
17 Y0 C60 M50 B0
18 Y0 C80 M100 B10
22 Y64 C50 M94 B0
23 Y80 C30 M100 B0
24 Y20 C0 M50 B0
25 Y36 C0 M60 B0
29 Y28 C100 M10 B0
30 Y32 C100 M55 B0
31 Y30 C100 M70 B10

7/1

ダックブルー

平和
空想
環境問題

鴨の羽根の強い緑味の青　duck blue

地球をひとつの生命体と考えるエコロジスト

所作が非現実的に見られがちです。地球を大事に思う心が強く、平和や環境問題について考えつづけます。物質的・金銭的問題に執着せず、現実から空想へ夢を追うタイプです。ダックブルーと相性のよい色は白、向いている職業は心理学者や環境デザイナーなどです。

例》その人は芸術心理学者です。「大人の絵はひとつの定まった視点（遠近法）で描かれますが、子どもの絵にはたくさんの視点があり、ダイナミックで新鮮です。さまざまな絵と接するうちに、見る目が育ってきています」とその人はいいます……。

7/2

コバルトブルー

手際よさ
整った身なり
繊細

cobalt blue

感性豊かな洗練された都会派

豊かな感性を持ち、仕事も手際よくこなします。ただ気むずかしく細かいところがあります。こざっぱりした服装で洗練されたシルエットは都会的です。考え方が新鮮で、論議を交えると程度の高い次元で対応します。コバルトブルーと相性のよい色は白、向いている職業は陶芸家や芸術家や詩人などです。

例》その人は陶芸家です。陶芸を始めて12年目。「ずっと生活のための食器づくりが多かったんですが、2、3年前からは自分で楽しいと感じる作品をつくっています」とその人はいいます……。

7/3

インクブルー

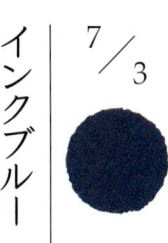

気品
安定感
自信

ink blue

人もうらやむほどの自信を備えたナルシスト

ものごとに対してぐらつくことなく安定した姿勢を堅持します。その自信のほどは他人がうらやむほどです。ことのほか服装に気をつかい、惜しげなく美しい着物や洋服を着こなします。匂うばかりの気品にあふれ、ナルシシズム（自己愛）の傾向があります。インクブルーと相性のよい色は白、向いている職業は画家や航空機の客室乗務員などです。

例》その人は壁画家です。「壁画には、通りすぎる人とのかかわりがあります。また、新しい空間の表現法を見つけるという作家としての挑戦もできます。公共性のある場所に描きたいという望みもかなう仕事です」とその人はいいます……。

7/4

アクア

静穏
崇高
自己発展

水色　aqua

心理状態を上手にコントロールできる人

情緒的な面で、静穏な熟慮と抑制しがたい感情の高まりをあわせ持ち、川にたとえれば、よどみと奔流を併存させたような状態です。心理状態のコントロールは天下一品。崇高さにあこがれ、信仰によって自分を高めようと努力します。アクアと相性のよいのは暖色系の明色、向いている職業は舞踊家や宗教家などです。

例》その人はフラダンスの先生です。日本フラダンス界の代表的存在です。「私にしかできない世界をつくろうと燃えています。フラダンスは、1曲ずつに振りをつけますが、バレエのように組曲をつくってみました」とその人はいいます……。

7/5

ペールサックスブルー

感性
自由
秘めた情熱

柔らかい緑味の青　pale saxe blue

愛情に満ちた静かな気質の持ち主

豊かな感性と愛情に恵まれています。物腰はおだやかなのですが、内に燃えるような激しい情熱を秘め、心の安らぎ、自由な価値観を持ち、ものごとに正確な判断をくだします。ペールサックスブルーと相性のよい色は白、向いている職業はスタイリストやグラフィックデザイナーなどです。

例》その人はテレビ番組のスタイリストです。都会的で最も新しい職業のひとつです。その中でも一番新しい分野がテレビ番組のスタイリストです。イメージに合う服がないときは、何日徹夜してでも自分でつくります……。

7/6

新《しん》橋《ばし》色《いろ》

状況判断
意思決定力
信念

ターコイズの青味がかった色

前向きな姿勢で仕事も生活も楽しめる人

鋭い洞察力、理解力、直観力があります。いたずらに興奮せず、変化に惑わされません。生活を楽しみつつ常に前向きの姿勢で、仕事に集中できる人です。正確な状況判断により意思を決定します。新橋色と相性のよい色は暖色系のパステルトーン、向いている職業は俳優やスポーツ選手などです。

例》その人はスタントマンです。「本番前は〝これで死ぬかも〟と思ったことが何度かあります。今ならまだやめられる、とそればかり考えています。そして本番。普通の生活にあれほどの緊張感ってまずないですね。この緊張感と終わったときの解放感が、何ともいえず好きです」とその人はいいます……。

聡明
大望
チャンス

7/7

ブルーカナール

鴨の羽根の緑味の青　bleu canard仏

一を聞いて十を知る多才さが魅力の人

なまけることが嫌いです。何をやらせてもうまく、「一を聞いて十を知る」聡明で多才なところが魅力です。ひそかに大望をいだき、チャンスをとらえたら必ずものにします。ブルーカナールと相性のよい色は寒色系のパステルトーン、向いている職業は画家や指揮者などです。

例》その人は画家です。エッセイの挿絵で、はじめて野生のきのこをよく観察しました。「世の中にこんなものがあったのか、とにかく色と形がすごい。造形のおもしろさがあります。存在のあり方自体がおもしろいんです」とその人はいいます……。

7/8

マリンブルー

多芸多才
努力
落ち着き

濃い緑味の青　marine blue

努力により真理を追究する情熱家

情熱家ですが落ち着いた振る舞いに徹し、人の信頼を集めます。研究開発に専念し、その結果を見きわめないと気がすまない性分です。多芸多才といわれていますが、それはひたすら努力してきた結果なのです。マリンブルーと相性のよい色は色味のある色のパステルトーン、向いている職業はアナウンサーや学者などです。

例》その人は講談師です。「最初は芸の幅を広げる意味で、芝居と二足のわらじだったのですが、講談のおもしろさに引かれ始めたんですね。うちの師匠を見てもそうですが、しゃべるだけで世界が広がるっていうか、動きが見えるから、講談に専念したいと思って」とその人はいいます……。

7/9

パールホワイト

秘密
孤独
正義感

真珠の灰色味の白　pearl white

人から頼られることを好む高潔な人物

何か秘密めいたところがあります。孤独感の中で悟りをひらこうと努力し、人が自分を頼りにしてくれることを好みます。正義感にあふれた高潔な人です。パールホワイトと相性のよい色は色味のある色の明色、向いている職業は舞踊家や哲学者などです。

例》その人は舞踊家です。アジアの民族舞踊を舞い、世界のひのき舞台を目指しています。「チベットの標高３５００ｍの高地で踊ったときにはなんと救急車が待機していました。いっしょに踊っていた人が高山病でバタバタと倒れ、残ったのは私ひとりだけ。最後の踊りが終わったら酸欠で手足が動かなくなってしまいました」とその人はいいます……。

7/10

ペールパステルブルー

優しさ
甘美
謙虚

淡い空色　pale pastel blue

甘美的な美しさを象徴する人

控えめで、優しい心の持ち主です。甘美な雰囲気で人から慕われ、忘れがたい印象を与えます。ハイネの「美しき五月となりて、花のつぼみもゆるむとき、わが胸も愛の想いにもえいでぬ」という言葉を連想させる人です。ペールパステルブルーと相性のよい色は黄色、向いている職業は写真家や校正者などです。

例》その人は写真家です。「写真は発見だ」といい、日常の生活の中でも発見したり発見させられることが多いといいます。表現者としての姿勢も厳しく、いいものが撮れたなと思っても、「あっ、どこかで見たな」という気が少しでもしたら、それは捨ててしまうそうです……。

7/11

ラベンダーブルー

礼儀
審美眼
色彩観

lavender blue

人をうっとりさせる魅力のある人

礼儀正しく、人を引きこむ魅力を持っていますが、深入りするようなことはしません。鋭い審美眼で芸術作品を鑑賞し、至高の芸術を追究します。いつも心をとぎ澄まし、精神は気高く、卓越した色彩観を持っています。ラベンダーブルーと相性のよい色は暖色系のパステルトーン、向いている職業は歌手や染色家などです。

例》その人はモンゴル民謡の「オルティンドー」を歌う歌手です。オルティンドーは馬頭琴という楽器と1対1になって歌うものですが、同じ節をお互いが自分の呼吸で自然にずらしながら、つかず離れず歌います。ひとりの人間が表現しうる最大の美しさ、力強さ、そんなものを感じさせます……。

7/12

マジョリカブルー

教養
上品
幸せな未来

濃い青　majolica blue

真理を追究する人びとの指導者

育ちがよく、上品な人柄です。知見を蓄えて真理を追究する人びとの指導者となります。いつも美しく輝き、あたかも幸せな未来を約束されているかのように見えます。多くの人から尊敬される業績を残します。マジョリカブルーと相性のよい色は暖色系のパステルトーン、向いている職業は声楽家や裁判官などです。

例》その人は声楽家です。音楽大学で日本歌曲の指導をしています。「歌とは、そもそも人間の心の変化から生まれるもので、私たちの喜びや悲しみと直接結びついています。常に感受性を高めていくことが大切です」とその人はいいます……。

7/13

紺《こん》青《じょう》色《いろ》

自尊心
滅私奉公
直観力

不幸な人を見過ごせない慈悲深い人

自尊心があり名誉を重んじます。また、情が深く時には自分を捨てて奉仕することもあります。鋭い直観力で多くの事業をなしとげる力があります。紺青色と相性のよい色は白、向いている職業は美容師や看護師などです。

例》その人は美容師です。「美容院で働きはじめたころ、言葉づかいや接客の仕方が悪いとか、先輩から怒られてばかりで、ちょっと反感を持ってました。でも自分でカットやパーマをするようになると、自分の至らなさや甘さを思い知らされました」とその人はいいます。現在自分の店を持ち雑誌のヘアメイクの仕事にも挑戦したいという意欲に燃えています……。

7/14 ディープベビーピンク

感性
真心
温かさ

やや濃いベビーピンク　deep baby pink

前向きな姿勢で仕事も生活も楽しめる人

感性が鋭く幅広い分野で頭角を現し賞賛を浴びます。音楽などの芸術、ファッション関係の仕事に没頭します。真心をもって人に接する温かい人柄です。前向きな姿勢を保ち、仕事も生活も楽しむことができます。ディープベビーピンクと相性のよい色は黄色、向いている職業はファッションデザイナーやスタイリストなどです。

例》その人はキャンバス地にびっしりと織物のように縫針で刺しゅうするニードルポイントの作家です。「地色を刺し終えると絵柄がくっきりと浮かび出てきます。そのときの感動を味わうと、もうやめられません」とその人はいいます……。

7/15 ペールモーベット

繊細
暗示
慎み深さ

淡く明るい紫　pale mauvette

かわいいものに引かれる優美な人

繊細な心の持ち主で、とくに可愛らしいものに引かれます。また慎みのある態度で人と接することで魅力を増します。暗示にかかりやすい傾向があるので要注意です。ペールモーベットと相性のよい色は白、向いている職業は画家や建築家などです。

例》その人は画家です。描く対象はなんとゴリラ。「私の絵で、ゴリラのひとりひとりの顔がわかるようになったといわれるとうれしい。ゴリラは哀愁を秘めていそうで実は陽気、陽気でいながら自己表現が下手な生き物です」とその人はいいます……。

7/16

ファウンテンブルー

踊りと音楽
自由
個性

噴水の薄いスカイ　fountain blue

自由奔放な生活を望む人

踊りと音楽にすぐれた才能を持っています。束縛を嫌い自由な生活を望みますが、現実と幻想を取り違えることなく、社会に順応することもできます。自由を求め、いつも人とは違っていたいと願っています。ファウンテンブルーと相性のよい色は白、向いている職業はダンサーや音楽のアレンジャーなどです。

例》その人はサーカスでピエロの役をしています。人を喜ばせることが好きで、サービス精神が旺盛です。「情緒の世界の中で生きているって大好きなんです。だからピエロをやっていると、生きているんだなっていう実感がわいてくるんです」とその人はいいます……。

7/17

サルビアブルー

経営力
洗練
機知

サルビアの花の青　salvia blue

道を究めるべくして存在する人

洗練された容姿に恵まれ、官能的な魅力さえ放ちます。機知に富んでいて仕事の手際もよく、のみ込みが早く、茶道・華道などの奥義を究めます。サルビアブルーと相性のよい色は白、向いている職業はファッションモデル、秘書などです。

例》その人は関西料理の老舗の娘として生まれ、現在5代目の女将です。典型的な麗人で、料亭の経営にこのうえない才覚を発揮しています。逃げ出したくなることもありますが、頼りにしてくれるまわりの人々に励まされ、日々輝きを増しています……。

7/18

ローヤルパープル

知性
神秘性
ほのかな香り

英国王室のオフィシャルカラー　royal purple

助けた人はみな成功する才覚の持ち主

難題も鋭い知性で解消し、人を助けます。底知れぬ神秘的な力で人を成功に導き、ほのかな香りで魅了しつくします。ローヤルパープルと相性のよい色は白1色、向いている職業は警官やパイロットなどです。

例》その人は警視庁航空隊操縦士です。約１５０時間の飛行訓練と学科約２００時間を受け、ヘリコプターの自家用操縦士免許を取得しました。現在はパトロールや交通情報調査を担当しています。機長パイロットになるのが夢です……。

7/19

ディープシェルピンク

繊細
人を楽しませる
温かさ

桜貝のやや濃いピンク　deep shell pink

いつも慎ましい変わらぬ愛の持ち主

愛らしさにあふれ、時に頬を赤らめる慎ましい昔ながらの少年少女のように繊細です。自分より人が楽しむことを心がける人です。異性から見ればその存在感にほのぼのとした温かさを感じ、その人の中に「より気高いもの」を発見するのです。ディープシェルピンクと相性のよい色は白、向いている職業は栄養士や菓子職人などです。

例》その人は栄養士です。最近出した本の中で食べ物の歴史や材料の種類、栄養素や料理法をイラストやマンガを使って、楽しく紹介しています。本職の栄養士の仕事をしながら、１冊の本をわずか３ヵ月で書き上げたといいます……。

7/20

小麦色

思いやり
空想的
感受性

優美さに恵まれた妖精のような人

情愛が深く、優しいほほえみと思いやりがあります。子どもや動物が好きです。また、光と影の戯れを見逃すことなく、彩管（絵筆）をふるい、手際よく空想的な美しい絵を描きます。感受性の鋭い優美な人です。小麦色と相性のよい色は白、向いている職業は画家やトリマー（動物の美容師）などです。

例》その人は花を描く画家です。「スランプの時期があり、はい上がるまで10年かかりました。あるとき、パステルトーンの風景画を描いていると、通りがかりの女性が『きれいな色』といってくれて。もう一度やり直す気になりました」とその人はいいます……。

7/21

ハバナローズ

ハバナ産葉巻の茶色がかったローズ　havana rose

奥ゆかしさ
躍動
豊かな愛

美しさと礼儀正しさが一体となった人

人に喜びを喚起させる力があります。感傷的でもろそうに見えますが、行動は生き生きとしています。また、愛情深い奥ゆかしい人柄です。いかにも礼儀正しい身振りと美しい容姿が渾然一体となって人を引きつけます。ハバナローズと相性のよい色は白、向いている職業はレポーターや画商などです。

例》その人は旅行レポーターです。アウトドアスポーツの渓流釣りを紹介しています。「渓流釣りは一般にウキは使わず、羽根や毛糸などの目印と針の間にエサを沈めるための小さなオモリ（ガン玉といいます）をつければＯＫ」。熱心な取材のおかげで今ではすっかりプロのようです……。

7/22

臙脂《えんじ》色《いろ》

濃い紫味の赤

自分の力量を自覚し向上させる人

多くの人に支持されていても、おごることなく、自分の能力を地道に向上させます。また、ひとつの思考にとらわれることがありません。流行や秩序からいち早くリズムを感じ取り、新しい理念を設定します。その弾力的な思考で世の変化を乗り切っていきます。臙脂色と相性のよい色は黄、向いている職業はミュージシャンや編集者などです。

例》その人はミュージシャンです。ツアーに同行したり、ＣＭの歌も歌っています。「いちばん充実しているのはもちろんよく歌えたとき。そんなときって自然と音がパワフルになるんです」とその人はいいます……。

支持
向上心
弾力的思考

7/23

茜《あかね》色《いろ》

濃い赤

世界的視野を持つ穏健派

きわめて穏健な人柄ですが、仕事には厳格であり、積極的にこなします。人がしりごみするようなことも手際よくなしとげる技があります。新しいプロジェクトも仕上げを施し、世界的な視野を持って可能性を広げる妙技を持っています。茜色と相性のよい色は白、向いている職業はドライバーや校正者などです。

例》その人は甲種電気車の女性運転士です。一般的な電車の運転免許が国家試験になって以来、日本では数少ない女性運転士です。ＪＲの車両も含めて、その人は5種類の車両を運転しています。各駅停車だけではなく特急電車も運転します。現在は私鉄の特急を運転しています……。

厳格
可能性
積極性

7/24

キューピッドピンク

ほほえみ
良識
質素

鴇色《ときいろ》に似たピンク　cupid pink

飾り気のない香気で人を陶酔させる人

黒い瞳、すらりとした体型の人です。いつもほほえみをたやさず、質素を好み、良識を備えています。小ぎれいで、さっぱりとした服装を好みます。キューピッドピンクと相性のよい色は白、向いている職業は作家やコピーライターなどです。

例》その人は作家です。「常識にとらわれずに生きたいと思いますが、仕事をしていると、そうもいかないことがずいぶんあります。なんということもない日常の中に人の生き方がうかがえる一瞬があります。それを、自分のアンテナでキャッチしていくのが好きです」とその人はいいます……。

7/25

ロータスピンク

永久不変の理念
明るさ
献身と抵抗

lotus pink

気品ある精神の持ち主

均整のとれた姿態と明るく優美な面だちに恵まれ、気品に満ちた精神の持ち主です。現代の浅薄な時代に抵抗して、永久不変の理念に引かれます。ロータスピンクと相性のよい色は白、向いている職業はピアニストや詩人などです。

例》その人はピアニストです。「弾き手と聴衆、それにホールやピアノの状態、それらすべてがうまくいくということは、なかなかありません。でも今日のコンサートはうまくひとつにまとまりました。そういうときは自分が〝無〟、ちょうどエゴイスティックなものがなくなるような状態で、そんなときは弾いていて一番気持ちがいい」とその人はいいます……。

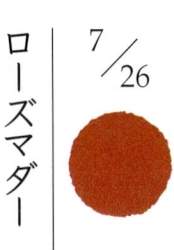

7/26

愛敬
優雅
ユーモア

ローズマダー

茜《あかね》からとる染料で紫がかった赤　rose madder

人の内面に響く言動で感動させる情熱家

とらえがたい優雅さとユーモアのある情熱的で魅惑的な人です。ほほえみかけるような愛敬と身振りや人の内面に響く言動で人を感動させる力があり、意外性を発揮します。ローズマダーと相性のよい色は白、向いている職業はシナリオライター、アナウンサーなどです。

例》その人は駅長です。今でも忘れられないのは戴帽式。局長から新任現場長に駅長の帽子がわたされる儀式のことです。そのとき「笑顔を忘れずがんばってほしい」といわれたのが心に焼きついています……。

7/27

経験
才能
行動力

クリムソン

濃い紫味の赤　crimson

子どもの心と大人の成熟が混在する多感な人

豊かな経験とすばらしい行動力で、仕事に対して非凡な才能を発揮します。また、希望あふれる子どもの心と官能的で成熟した大人が混在しています。クリムソンと相性のよい色は白1色、向いている職業は作家や社会福祉関係などです。

例》その人は小説家です。ふだんは人あたりがよく、鋭さはまったく感じさせません。しかし、頭の中は温めている小説のプロットでいっぱいです。それはその人の豊かな生活経験に根ざしたものです。ひとたび書きはじめると一気呵成に仕上げてしまいます……。

7/28

ユーモア
ナイーブ
英知

黒《くろ》柿《がき》色《いろ》

暗い灰色味の赤

気高い理想と洗練された精神を宿す情熱家

機転のきいた鋭い面と、ナイーブな面があります。情熱的な努力が、気高い理想と洗練された精神となって現れます。英知のひらめきは、異性の視線を引きつけます。黒柿色と相性のよい色は白一色、向いている職業は企業の広報や宣伝担当者などです。

例》その人はファッション業界の花形職種であるプレスです。マスコミやスタイリストへの対応、コレクションや展示会の企画・準備、宣伝・広告の戦略やカタログの作成などをこなします。デザイナーとともに「ブランドの顔」として、周囲に好印象を与えています……。

7/29

誠実
霊感
思いやり

セルリアンブルー

明るい青　cerulean blue

真心をこめて人に接する優しい気持ちの持ち主

優しさにあふれた誠実な人です。宗教意識が深く、霊感の強いところがあり、それだけに人に対して思いやりを持って接します。セルリアンブルーと相性のよい色は暖色系のパステルトーン、向いている職業は俳優や児童指導員などです。

例》その人は女優です。大和撫子《やまとなでしこ》の代表のような人柄です。最近フライフィッシングを始めてから、釣り糸1本だけで自然との距離がぐっと近くなったといいます。「一体感っていうのかな……。自分と自然が対話している感じ。今まで知らなかった感覚を知ることは、新しい表現をひとつ見つけたことと同じだと思います」とその人はいいます……。

7/30

ピーコックブルー

深い愛情
調和
友情

クジャクの羽根の冴えた青緑　peacock blue

自分を知り向上できる人

深い愛情を秘めた調和のとれた人柄です。友人をより高い精神的レベルに持っていき、やがて、堅い友情の絆が生まれていきます。自分というものを知り、向上できる人です。ピーコックブルーと相性のよい色は白、向いている職業は工芸作家や弁護士などです。

例》その人は漆工芸家です。「輪島塗の特徴は〝堅牢性〟です。小峰山から出る珪藻土《けいそうど》を焼き、砕いた地粉《じのこ》を漆とまぜ下地に使うので、丈夫なのです。それでも漆は流れ、縮み、折々の表情を見せてくれます」とその人はいいます。伝統を守りつつ、新しい方向も見いだしていこうとしています……。

7/31

プルシアンブルー

神秘的
クールな印象
明るさ

濃い青　prussian blue

表情に表さなくても心の奥で感動する人

神秘に包まれた人柄で、その持ち味が多くの人を引きつけます。一見感情に動かされないクールな人に見えますが、心の中で感動する精神的に明るい人です。プルシアンブルーと相性のよい色は白、向いている職業はスタイリストや薬剤師などです。

例》その人はスタイリストです。とりわけカラーコーディネートには抜群のセンスを発揮します。「色の中でもピンクは最高に愛される色です。とくに灰色がかった『コーラルピンク』は、女性ファッションの売り上げの中でも、黒と白に次ぐ人気です。ピンクのものを身につけると必ず、ロマンチックな気持ちになります」とその人はいいます……。

August 8

5

Y0 C100
M60 B0

6

Y0 C100
M70 B0

7

Y0 C100
M80 B0

12

Y30 C80
M60 B0

13

Y0 C50
M15 B0

14

Y0 C55
M0 B0

19

Y100 C0
M50 B0

20

Y100 C0
M60 B0

21

Y80 C30
M70 B0

26

Y100 C20
M60 B50

27

Y10 C70
M0 B0

28

Y10 C60
M20 B0

1	2	3	4
Y10 C70 M22 B0	Y0 C80 M10 B0	Y0 C80 M30 B0	Y10 C100 M50 B0
8	9	10	11
Y0 C90 M80 B10	Y0 C100 M90 B10	Y0 C80 M60 B0	Y30 C90 M100 B0
15	16	17	18
Y30 C0 M0 B0	Y40 C0 M0 B0	Y55 C0 M0 B0	Y100 C0 M40 B0
22	23	24	25
Y50 C0 M20 B0	Y100 C0 M34 B0	Y100 C30 M50 B0	Y100 C30 M50 B10
29	30	31	
Y0 C70 M40 B0	Y0 C80 M50 B0	Y0 C100 M100 B10	

8/1

ブルーシェル

社交的
我慢と根気
誠実

空の色　bleu ciel仏

だれにでも誠実に対応する社交的な人

社交的で、はじめて会った人に対してちょっと変だなと思っても誠実な友人になれます。だれでも自分と同じようにまじめな生活をしていると思うからです。また、我慢強さと根気のよさで、何ごとも立派にやりとげます。ブルーシェルと相性のよい色は白が抜群、それ以外では濃い青です。向いている職業は航空機の客室乗務員や通関士などです。

例》その人は客室乗務員の経験を積んで、パーサーになりました。トラブルやどんな乗客にも誠実に対応し、快適な旅を楽しんでもらえるよう気を配っているので、厚く信頼されています……。

8/2

ペールヨットブルー

知能
責任感
スピーディ

明るい青　pale yacht blue

内向的で格式ばったことを好む保守主義者

保守的で内向的ですが、同じ色を好む人とならば安らぐことができます。知能がすぐれ、責任感も強いので仕事は素早くこなします。ぬくもりのあるインフォーマルな人間関係を築くことを心がけてください。ペールヨットブルーと相性のよい色は白、向いている職業はソフト開発、教育者などです。

例》その人はコンピュータのプログラマーです。引っ込み思案なその人は、黙々と仕事をこなしていますが、本当は同僚たちと遊んだりしたいと思っています。ある日、思い切ってレジャーに誘ってみると、和気あいあいとした楽しい時間を過ごすことができました……。

8/3

謹厳実直
完全主義
人脈づくり

ヨットブルー

人を心の底から信じる頼もしい人格者

明るい青　yacht blue

謹厳実直で人脈づくりがうまいため交際範囲が広く、すべてのことに調和のとれた対応をします。何ごとにも辛抱強く頼もしいのですが、他人を心から信頼してしまうので裏切られると深く傷つきます。完全主義の傾向があるので注意が必要です。ヨットブルーと相性のよい色は白、暖色系のパステルトーンとも合います。向いている職業は実業家、政治家、教育者などです。

例》その人は経営者です。律儀で交際範囲が広いその人は、よく人にものを頼まれます。その人は人脈を使ってそれを果たし、そこからまた新しい人脈が生まれます。その人のまわりにはユニークな人たちばかりが集まっています……。

8/4

シアンブルー

冴えた緑味の青　cyan blue

気高さ
品格
頂点

ねばり強く困難に立ち向かう忍耐力のある人

まわりが驚くほどの忍耐力でものごとに取り組み、たとえ困難なことがあっても平然と完成させます。気高さと品格があるので尊敬を集め、組織の頂点に立って指導力を発揮します。シアンブルーと相性のよい色は白、向いている職業は会社経営者や弁護士などです。

例》その人はベンチャー企業の経営者です。海外での経験を活かし、会社では販売促進や商品企画に率先して取り組み、新しい風を吹きこんでいます。予算など難しい壁につきあたっても、見えない努力で乗り切っています……。

8/5

瑠《る》璃《り》色《いろ》

感性
直観力
おだやか

万人に愛されるエキスパート

豊かな感性、鋭い直観力、静かな気質、おだやかな物腰で、だれからも愛されます。また、何か問題が起こっても、即座にその核心をとらえ解決する術《すべ》を心得ています。何ごとにおいてもエキスパートとなることのできる人です。瑠璃色と相性のよい色は白、また色味のある色はすべてワンポイントになります。向いている職業は医者、学者、芸術家など知的職業です。

例》その人は医者です。その人がいるだけで、周囲がふんわりとした空気に包まれる雰囲気を持っています。専門的なむずかしい仕事をしているにもかかわらず、ギスギスした感じがしないので患者さんは安心して診察を受けられます……。

8/6

ラピスラズリ

天然ウルトラマリンの瑠璃《るり》色《いろ》　lapis lazuli

粗野と高貴
意思決定力
教養

思いやりに満ちた知的な人

学問は技芸よりすぐれていると考える傾向があります。たとえ絶望的なことを話すときにもある種の思いやりがこめられています。意思決定にすぐれ、粗野と高貴が混在した風情のある人柄です。また、その卓越した知見と教養は尊敬に値するものです。ラピスラズリと相性のよい色は色味のある色のパステルトーン、向いている職業は学者、裁判官などです。

例》その人は大学の法学部の教授です。その人にとって学問をすることは楽しみです。なぜならば真理を追究するおもしろさが感じられるからです。その人の目は内的な深い動きを反映し、豪気で大胆な印象を人に与えます……。

8/7

ローヤルブルー

濃い紫味の青　royal blue

チャーミング
機知
芸術愛好

知ることを求めて突き進む探検家

少々気取り屋で、チャーミングでありたいと願っています。芸術を愛好し、機知に富み、洗練された品のよさは生来のものです。学術的興味も旺盛で、時には探検家的行動を起こします。ローヤルブルーと相性のよい色は暖色系の中間色、向いている職業は科学者や新聞記者などです。

例》その人は雑誌の記者です。その人は見知らぬところに行くのが好きで、おもしろそうなところを見つけると、すぐに飛び出してしまいます。その人は未踏の地に思いを馳せるだけで、胸がときめくといいます……。

8/8

紺《こん》瑠《る》璃《り》

にぶい紫味の青

直観の彼方を見つめつづける人

神秘的な直観の持ち主です。素朴な疑問から出発しますが、ひとたび関心を持ったことは、徹底的に追究していきます。一貫して直観によって、勝負に打って出るところがあります。紺瑠璃と相性のよい色は色味のある色のパステルトーン、向いている職業は、映画監督や編集者などです。

例》その人は編集者です。ある文学賞の選にもれた人の小説に目をつけました。その作品に今までなかった感性を感じたのです。売れるかどうか賭けに近いものがありましたが、結果は大成功でした……。

神秘的直観
素朴な疑問
勝負

8/9

ネイビーブルー

イギリス海軍水兵の軍服の暗い紺　navy blue

俗悪なものを嫌う敬虔なロマンチスト

知的で、常に生活の中に洗練されたものを求め、とくに俗悪なものを嫌い、高尚な主張を持つ文化にあこがれるロマンチストです。また、女性の品性に新しい理想を求めます。ネイビーブルーと相性のよい色はパステルトーン、向いている職業は宗教家やインテリアコーディネーターなどです。

例》その人はフラワーコーディネーターです。その人が花をアレンジすると、花たちが音楽を奏でているかのように可憐に仕上がります。その人の心の奥には深い感動をこめた叫びがあり、それを花で表現すると自然と作品になるのだそうです……。

知的
文化
洗練

8/10

ハイドレンジアブルー

芸術
才能
表現力

アジサイの花の柔らかな紫味の青　hydrangea blue

自然にわきこぼれる感性を美しく表わす芸術家

理解のある両親のもとで育ち、生来の芸術の才能に恵まれ、自然にわきこぼれる感性を表現して人に感動を与えることができます。それは音や色彩の持つ効果を充分に知りえたうえでなされています。ハイドレンジアブルーと相性のよい色は色味のある色の明色、向いている職業はバレエダンサー、日本舞踊家などです。

例》その人は短大生です。礼儀作法の教室に通い始めましたが、習う前からすでに、身のこなしや言葉づかいが洗練されていたといいます。「今どき珍しい。教えることがないくらい」と先生を驚かせました……。

8/11

桑の実色

直観
信念
宗教

暗い紫

精神的なものに感じやすい神秘主義者

何ごとも堅い信念で最後までやりとげます。直観的思索を試みる神秘的で宗教的傾向を持つとともに一方で科学的興味を持ち、小さな世界から大きな世界にまで広がりをもっています。桑の実色と相性のよい色は色味のあるすべてのパステルトーン、向いている職業は科学者、天文学者、原子物理学者などです。

例》その人はニットデザイナーです。小さいころ、毛糸が織り成す模様が不思議でしかたがなく、編みかけのセーターをほどいてしまったことがありました。それ以来、ニットの魅力に引かれ、今では独創的で複雑な模様をデザインするまでになりました……。

8/12

情熱
孤独
節度

藤《ふじ》鼠《ねず》

灰色味のラベンダー

自分の存在を見つめるロマンチスト

内なる情熱に満ちあふれたロマンチストです。孤独を好み、自分を見つめ直すとともに極端にまじめすぎることの愚かしさを知り、自分の認識の範囲内で効率よくものごとを考える傾向があります。藤鼠と相性のよい色は色味のある色の純色、向いている職業は建築家、会社経営者などです。

例》その人は一級建築士です。何ごとにも厳格です。あるとき研修で病院を訪れました。そこには妥協を嫌った結果、自分を追い詰め、心の病に冒された人たちが大勢いました。その人は、時には多少いいかげんでいいこともあるのだと痛感したのです……。

8/13

感性
機敏
信念

白群《びやくぐん》

日本画の絵の具の色名でベビーブルー

堅実な人柄で信頼と尊敬を集める人

抜群の感性と信念を持ち、堅実な人柄で信頼と尊敬を集めます。流行の最前線を行くというわけではありませんが、言動や服装に気をつかい、機敏であるとともに容姿にも恵まれています。他人の悩みまでも自分のことのように悩んでしまうことがあります。白群と相性のよい色は暖色系のパステルトーン、向いている職業はプロスポーツの選手や児童指導員などです。

例》その人はプロスケーターです。5歳のとき、たまたまスケートリンクに遊びに行ったことがきっかけになり、週1回、2回と滑りに行くようになりました。それから16年、スケートだけに熱中してこれたことはその人の誇りです……。

8/14

ミヨゾティス

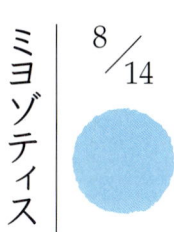

輝く歌声
生気
表現力

わすれなぐさの薄い空色　myosotis仏

人の心を高みに誘う美声の持ち主

天使の歌声のように、人の心を高みに誘うようなキラキラと輝く声の持ち主です。また、表現力が豊かで、生き生きとした場面を印象的に描き出すことを得意としています。ミヨゾティスと相性のよい色は暖色系のパステルトーン、向いている職業は声楽家や染色家などです。

例》その人はドラマチックソプラノの歌手です。その歌唱力は美しい情景を彷彿させるのに充分です。たとえば、数人の少女たちが花咲き乱れる春の野原や森で、草花をつんだり、おしゃべりしながら、歩いていく——こんな様子を歌いあげます。それでいて時には情熱的に歌い、聴く者に圧倒的な印象を与えます……。

8/15

黄色

機知
優しい心
家庭的

温かい愛情に包まれて育った聡明な人

いかに皆から愛されて育ったかがわかるような優しい心があり、機知に富み聡明です。きわめて温情に満ち、慎ましく、落ち着いた生活を理想とします。黄色と相性のよい色は寒色系のパステルトーン、向いている職業は園芸家、ソムリエ、保育士などです。

例》その人は学生のころ興味を持ったワインの世界に入り、ソムリエの修業中です。味や香りのデータを覚え、料理との相性、味の表現方法を勉強しています。「客に料理を残されるのと同じように、すすめたワインが残っているとさびしいですね。口に合わないものを出したのではと心配になります」とその人はいいます……。

8/16

ライトクリーム

感性の蓄え
意志
リズム感

淡く白っぽいクリーム色　light cream

感性を動きとリズムで巧みに表現する天才

豊かな感性を蓄えることができ、リズム感には天才的なものがあります。その感覚的なものを強い意志と技量でほどよくコントロールしながらも、燃えるように表現できる人です。ライトクリームと相性のよい色は寒色系のパステルトーン、向いている職業はナレーター、カメラマンなどです。

例》その人はいろいろなことに興味を示し、歌手とナレーターの仕事を両立させています。自分を表現するのが楽しく、受けた仕事はベストを尽くして、必ずいいものをつくり出しています……。

8/17

プリムローズイエロー

愛と友情
好奇心
探究心

黄水仙の花の浅い黄色　primrose yellow

色とりどりの子ども時代を送った無垢な人

家族愛、友情など感銘を受けることの多い環境で育ち、その素質をひとりで伸ばせる人です。たとえ圧迫や困難があっても、旺盛な好奇心と探究心によって、楽しもうと努力します。プリムローズイエローと相性のよい色は寒色系の中間色、向いている職業はインストラクター、舞踊家、バレエダンサーなどです。

例》その人はフィットネスクラブのインストラクターです。小さいころから踊ることが好きで、17歳のときには有名なバレリーナとステージを共にしたこともありました。親の反対でプロになることをあきらめ、今は均整のとれたボディーづくりを実現するため、フィットネスクラブで活躍しています……。

8/18

至高の精神
明朗
自由闊達

柑子《こうじ》色《いろ》

冴えた黄色味のオレンジ

精神を重視する賢者

動物的本能が支配する肉体的なものから自分の性質を変換させ、至高の精神をめざします。また、明るい人柄で人を魅了する存在感のある自由闊達な人です。柑子色と相性のよい色は黒、白、こげ茶のいずれか1色、向いている職業は教育者や作家などです。

例》その人は短大で英語を教えています。ありあまるバイタリティーを語学教育に注ぎこんでいます。外国語を教えることで、多くの人に世界を身近に感じてもらいたいと思っています。その人は海外へ何度も行き、その魅力や現地で考えたことなどを授業で語っています……。

8/19

自分本位
一番乗り
健康

ゴールデンオレンジ

明るい黄色味のオレンジ　golden orange

ナンバー・ワンを求める誇り高き人

いつも健康で生き生きとしています。世事にたけた誇り高い人です。ただ、なんでも一番を好み、あまり自己反省はせず、自己中心的なところがあるので要注意です。ゴールデンオレンジと相性のよい色はブラウン系——たとえば煙草《たばこ》色《いろ》、代赭色《たいしゃいろ》、弁柄色《べんがらいろ》などです。向いている職業は音楽家、歌手などです。

例》その人はシャンソン歌手です。新しいものが好きで、チケットの発売日や新しいお店の開店というと、まっ先に列に並びます。しかし、だれかに先を越されると、まったく見向きもせず、二度と興味を示そうとしません……。

8/20

エネルギー
大望
現実的

蜜《み》柑《かん》色《いろ》

心身ともに健康な現実主義者

肉体的生命力（赤）と知的活動力（黄）を均等に持ちあわせています。この色はエネルギーのサインです。空想的・仮定的な見解には耳を貸さず、健全で大きな望みを持ち、考えがしっかりした人です。蜜柑色と相性のよい色は寒色系の明色で、この色をコーディネートさせるベーシックカラーは黒です。向いている職業はスポーツ選手、アナウンサーなどです。

例》その人はバスケットの選手です。強いチームにいるので練習はきついのですが、その人は体とともに頭も鍛えることに余念がありません。「バスケットには体と頭の瞬発力が不可欠」とその人はいいます……。

8/21

エネルギー
人間関係
情勢分析

肉《にっ》桂《けい》色《いろ》

シナモンの浅い赤味のブラウン

バランスをとり全体をまとめる指導者

あらゆる人間関係の調和をはかる能力にすぐれています。持ち前のエネルギーで情勢を分析し、バランスをとって再結合することができます。とくに企業では、人材、資金、技術力などを総合的に考えることができるため、高い評価を得ます。肉桂色と相性のよい色は白、黒、濃い茶です。向いている職業は自営業やイベントプロデューサーなどです。

例》その人は大きな花屋にいろいろな花を仕入れるバイヤーの仕事をしています。花は天候や季節で値段も種類も変わりますが、その人は流行の花をいち早く見つけ出し、アレンジまで考えています……。

8/22

感情移入
創作力
人間関係

ゴールデンコーン

浅い赤味の黄　golden corn

平凡をユニークに変える広がりある心の持ち主

あらゆることに感情移入してしまいます。平凡な素材でもクリエイティブにつくることができます。またコミュニケーションの能力は格別で、有意義な人間関係を構築します。ゴールデンコーンとサブカラーとして相性のよい色は寒色系の明色、向いている職業は画家、図案家などです。

例》その人はクラフトデザイナーです。その人はいつも手を動かしています。絶えず何かをつくっていないと気がすみません。手が届くところにあるものはなんでも素材になり、数時間後には立派な作品になります。まるで手品師のようです……。

8/23

タイミング
行動のリズム
美学のセンス

ディープサンフラワー

やや濃いひまわり色　deep sunflower

ものごとを両面から見てとれる創造者

行動のリズムとタイミングがはっきりしています。ものごとを一面からではなく、常にいろいろな角度からとらえ、美学のセンスや創造力にも恵まれています。ディープサンフラワーと相性のよい色は濃いブラウン系、向いている職業は医師、科学者です。

例》その人は内科の開業医です。どんな病状でも正確に診断することができます。また、常に健康に対して注意をはらっています。すべての生きものが土に還る事実を自然の摂理と認めながら、生命の隠された神秘を明らかにしたいと願っています……。

8/24

イエローオーカー

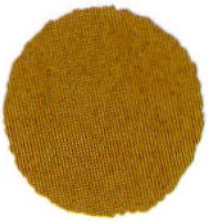

努力
トレーニング
行動

黄色味のブラウン　yellow ocher

自分をより高めようとする努力家

自分を高めるためにはトレーニングや勉強に励み努力を惜しみません。スランプにおちいり一時的に停滞することはあっても、状況を把握し再び行動に移します。イエローオーカーと相性のよい色はこげ茶、黒、白、向いている職業は学者、棋士などです。

例》その人は商社の女性部長です。ダークトーンの服装を好み、落ち着きがあり、重要な商談にもひるまず独力で対応しています。能力以上に評価されていることを自覚しても、見事にやりとげてしまいます……。

8/25

バフ

節度
平和
優雅

子牛やヤギのモミ皮の明るい黄色味のブラウン　buff

人間関係を大切にする礼儀正しい人

自分の健康状態を正しく把握し、節度ある生活をします。精神的にも成熟し、常に平和を熱望し、身のこなしがしとやかで礼儀正しく、優雅な言動により人間関係を大切にします。バフのアクセントカラーは赤、橙、黄、白です。向いている職業は俳優、スポーツインストラクターなどです。

例》その人は生まれながら女優への道が用意されていたかのように、子どものころから映画などに出ていました。しとやかで優雅な雰囲気は、年を重ねるごとにいっそう磨きがかかってきました……。

8/26

堅実
組織力
現実主義

煙《たば》草《こ》色《いろ》

濃い黄色味のブラウン

自分を優位に立たせることを願う指導者

現実的で地に足がついた堅実なタイプです。組織力をふるう才能に恵まれた典型的な指導者で、自分の素質を常に磨きあげます。少々紋切り型で心を閉ざしがちになるので気をつけてください。煙草色と相性のよい色は白、黄、橙、ワンポイントには純色です。向いている職業は教師、研究者などです。

例》その人は高校教師です。友だち同士で集まると、リーダー的存在になります。たとえば旅行に行くにも、その人がしっかりとした計画を立て、みんなはそれに従えば安心して楽しい旅ができるのです……。

8/27

深慮遠謀
ファッション感覚
行動力

スカイブルー

sky blue

どんな装いにもフィットするロマンチスト

神秘的な力を秘め、心身ともに若々しく高度なファッション感覚があるロマンチストです。また、深慮遠謀することを身につけ、果敢な行動力で仕事などを必ず成功させます。スカイブルーと相性のよい色は暖色系の明色か純色、白を組み合わせると最高のコーディネートになります。向いている職業は詩人、ファッションデザイナーなどです。

例》その人はファッションデザイナーです。とくに意識して洋服を選んでいるわけではないのですが、周囲からほめられます。それは自分の体型を知り、それを活かすことができるからで、人から相談を受けることも多いのです……。

8/28

アクアグレイ

芸術
感性
創造力

水色がかったグレイ　aqua grey

どんな分野でも主役を望むクリエーター

文学や音楽などの芸術によって刺激を受けることのできる豊かな感性を持っています。新しいものを生み出すことに生きがいを感じ、いろいろな分野で主役になりたいと思っています。アクアグレイと相性のよい色はパステルトーンで、ピンク、ラベンダーなどは最高の組み合わせです。向いている職業は脚本家、演出家などです。

例》その人はライターです。雑誌などで手づくりのアイデアを提案するページを手がけることが多いのですが、その人の記事は多くの女性の心をつかんで離しません……。

8/29

ペールサルビアブルー

かぐわしさ
献身的行為
気品

サルビアの花の明るい青　pale salvia blue

人脈づくりを得意とする慎重派

花のようなかぐわしい気品に満ち、しなやかな姿体には魅力があります。たしなみ深く、人に尽くし、生活に必要な人脈づくりがうまく、衝動的行動に走ることはめったにありません。ペールサルビアブルーと相性のよい色は暖色系の中間色、寒色系の明色、向いている職業は舞踊家や手芸家などです。

例》その人は舞踊家です。着物がたいへんよく似合うといわれるのですが、内容によっては衣裳選びがむずかしく、神経をつかうといいます。たしなみ深く、時には献身的行為をもいとわずに芸を磨き、刻苦勉励しています……。

8/30

ウルトラマリーン

親の愛
音楽
気品

冴えた紫味の青　ultramarine

心の琴線にふれる旋律を奏でる思いやりあふれる人

近づきがたいほどの気品がありますが、親の愛情のような優しさに満ちあふれる人でもあります。言葉では表現しにくいことを音楽などのかたちで表す才能に恵まれています。ウルトラマリーンと調和する色はパステルトーン、向いている職業はピアニストや保育士などです。

例》その人はピアニストです。その人の心のうちの音楽的衝動が翼にのってはばたきます。その人のみごとな伴奏はそれだけでも感嘆すべきものがあります。が、それ以上に深い感動を聴き手に与えるのは、その人の奏でる旋律の不思議な純粋さです……。

8/31

紫《し》紺《こん》

自己管理
知的権威
居丈高

暗い青紫

人の上に立つオピニオンリーダー

自分をきちんと管理しますが、知識による権威にこだわります。人のアドバイスに耳を貸さず居丈高になる傾向があるので注意が必要です。各分野でオピニオンリーダーとなることのできる人です。紫紺と相性のよい色は白、向いている職業は評論家、アーティストなどです。

例》その人は評論家です。よく、ものごとにこだわる性格だといわれますが、それはその人がしっかりとした知識と自分の感性を持ち、常にはっきりと意識してものごとを見ているからです。そのこだわりが、良識ある評論家としてその人の評判を上げています……。

September 9

5

Y50 C100
M30 B80

6

Y90 C100
M30 B70

7

Y20 C50
M0 B0

12

Y20 C100
M100 B0

13

Y30 C100
M100 B20

14

Y100 C20
M60 B40

19

Y20 C40
M40 B30

20

Y25 C0
M0 B0

21

Y20 C10
M0 B0

26

Y80 C0
M60 B0

27

Y70 C0
M70 B0

28

Y60 C0
M90 B0

1
Y60 C50
M0 B0

2
Y80 C80
M20 B0

3
Y70 C100
M50 B0

4
Y100 C100
M40 B0

8
Y50 C70
M30 B0

9
Y40 C100
M20 B40

10
Y50 C100
M30 B70

11
Y90 C100
M30 B80

15
Y100 C20
M60 B60

16
Y100 C70
M88 B0

17
Y30 C80
M50 B0

18
Y30 C70
M40 B0

22
Y40 C8
M0 B0

23
Y70 C10
M0 B0

24
Y60 C40
M0 B0

25
Y60 C0
M30 B0

29
Y0 C0
M100 B0

30
Y0 C50
M90 B0

9/1

フレッシュグリーン

教養
繊細
慎ましさ

冴えた黄緑　fresh green

やさしく甘い声で語る恋愛小説の主人公

教養が深く、多才なだけでなく、慎ましく繊細なところも魅力です。恋愛小説の主人公をオーバーラップさせる典型的な美しい人です。また、きっぱりとした話し方も特徴です。フレッシュグリーンと相性のよい色は暖色系のパステルトーン、向いている職業は指揮者やフラワーデザイナーなどです。

例》その人は指揮者です。常に真摯な姿勢で指揮に臨み、作品の全体像を、実にくっきりと浮かび上がらせます。ムダのない棒さばきで１００人にも達するプレーヤーを統率してしまうのです……。

9/2

牧草色

頑固
公明正大
努力

自己犠牲をも辞さない尊敬すべき人

自分のゴールをめざして、ひとり静かに頑固なまでに地道に前進します。意思決定に迫られた二者択一に即答し、向上への努力を惜しみません。公明正大で時には自己犠牲を払うことも辞さず、少々向こう見ずなところもあります。相性のよい色は暖色系、寒色系の明色、向いている職業は詩人やアナウンサーなどです。

例》その人は詩人です。時には作詞、作曲をやってのけます。その人のもう一つの魅力は生来の流暢《りゅうちょう》で優しく甘い声です。その人との会話が好かれるのは、ゴテゴテしたものが少しもなく、淡々とよどみなく進み、不要な言葉などほとんど見当たらない明晰さがあるからです……。

9/3

ホリーグリーン

知覚
優しさ
創作意欲

ヒイラギの葉のような濃い緑　holly green

ユートピアを夢見る文学青年

すぐれた知覚と創作意欲を持ち、あらゆる分野において優秀なのですが、突然のできごとに即座に対応することが苦手です。また、陰謀をたくらむことなど、けっしてできない気質の持ち主です。ホリーグリーンと相性のよい色はすべての色の明彩色、中間色、向いている職業は作家や裁判官などです。

例》その人は作家です。その人は想像の世界に浸っているときが一番幸せだといいます。そして空想で得た幸福感がそのまま作品になります。その人の恋愛小説はだれもが幸せになれる優しさがあるのです……。

9/4

ビリジャン

好奇心
スリル
自発性

濃い青味の緑　viridian

冷静な判断力を持つ客観的な人

好奇心をそそるようなゾクゾクするスリリングなことに引かれます。ものごとに対し実証的、客観的、体系的な姿勢、つまり科学的な態度で臨み、冷静な判断を下せる自発的な人です。ビリジャンと相性のよい色はあらゆる色の純色、向いている職業は評論家や国税専門官などです。

例》その人は政治・経済の評論家です。社会的には「最も高潔な人」といわれ、善と悪とを明確に区別する評論家として高く評価されています。また、その人は世界にはいたるところに整然とした秩序があり、人間もそれに従うべきだと唱えています……。

9/5

鉄色

虚栄心
善悪の区別
秩序

暗い青味の緑

少しずつ真理に近づく高潔な人

気むずかしいところがあります。潔癖で正義と邪悪の区別をはっきりとし、真理を常に追い求め、混沌とした状態を好みません。ただ円熟するにつれて虚栄心が強まってくるので注意が必要です。鉄色と調和するのはすべての色の明色、中間色、向いている職業は科学者、薬学者などです。

例》その人は薬学者です。製薬会社で新薬開発の仕事をしています。結果が得られるまでに時間がかかる仕事ですが、すべての人の健康を維持する助けになるためならと、その人は地道に努力を重ねているのです……。

9/6

海《み》松《る》藍《あい》色《いろ》

自然の摂理
生命の神秘
理性

暗い青味の緑

未知の世界を探究しつづける努力家

未知のものに対して恐れを抱くことのない、旺盛な探究心があります。また、時間や空間を超えた思考能力を持っています。海松藍色は暗色をのぞくすべての色で色相が映えます。向いている職業は美術に関する学者や作家などです。

例》その人は駆け出しの推理小説家です。「次々と作品を書かなければならないので大変」と、うれしい悲鳴をあげています。いいトリックが浮かばないときは、さっさと仕事を切り上げ、掃除をするのが創作力の源です……。

9/7

淡《うす》水《みず》色《いろ》

調和
情熱
純粋

社会に役立つことに生きがいを感じる人

美学的調和とか自然主義の芸術に引かれる情熱的で純粋な詩情をたたえた人です。世の中を少しでもよくしようと願い、そのことに自分が役立っていると感じることに生きがいを感じる人です。淡水色と相性のよい色はパステルトーン、向いている職業は店舗の経営者やイベントプランナーなどです。

例》その人はパンとケーキの店の経営者です。ケーキやパイ、クッキーの注文、製造、販売の仕事をしています。「材料はできるだけ国産のもので、つくった人の顔が見えるようなものを使うようにしています」とその人はいいます……。

9/8

アクアマリーン

Aquamarine

冒険
トップの素質
臨機応変

良心を信条とするまじめな人

良心を信条とする魅力的な人で感性が豊かです。新しいことを見つけ、すばやく臨機応変に行動するので、トップになる素質があります。時には気晴らしに冒険を好みます。アクアマリーンと相性のよい色はすべての色のパステルトーン、向いている職業はプロスポーツ選手やインストラクターなどです。

例》その人はプロゴルファーです。心と体はいつも健康で生命力にあふれ、底知れぬエネルギーを秘めています。プロの中でもそのセンスは抜群で、進歩的な考えを持っています。そっくりかえって天を仰ぐクセがあります……。

9/9

ディープティールグリーン

思いやり
礼儀
心身の健康

小鴨色のさらに濃い青緑　deep teal green

好奇心を持ち続ける若々しい人

思いやりがあり、礼儀正しくチャーミングな人柄です。赤を好むほど衝動的ではなく、かといって青を好むほど控えめではありません。いつもこうなりたいという願望を持ち、それに向かって進むことで心身の健康と若さを保っていきます。ディープティールグリーンと相性のよい色はすべての色のパステルトーン、向いている職業は会社経営者やプログラマーなどです。

例》その人はソフト産業の経営者です。この業界に携わる者の宿命は、いつも成功と失敗が背中合わせにあるということです。「時代の変化に対応するためには、何にでも好奇心を持つ若々しさが必要です」とその人はいいます……。

9/10

鉄《てっ》紺《こん》

冷静
自己評価
独創

暗い緑味の青

陣頭指揮をふるうすぐれた経営者

冷静に行動し、知見も豊かで、人知れず厳しく自分を評価します。前例の模倣はせず、自身の力と努力でそれ以上のものをつくり出していきます。また、私心なく積極的に他人の力になろうとします。鉄紺と相性のよい色はパステルトーン、向いている職業は会社経営者や公認会計士などです。

例》その人は住宅産業の経営者です。企業経営をあたかも建築のような立体的構築物に見立てています。企画の鋭さ、設計の巧みさ、明確な輪郭、誇張されない色彩、素材のみごとさを温かく包括する才覚はユニークで注目されています……。

9/11

ブループリュス

グルメ
思想家
文才

濃い青　bleu prusse仏

何でもわかりやすく表現できる才人

おいしいものに目がありません。カロリーオーバーに要注意。また、むずかしいことをだれにでもわかりやすく表現する文筆の才能に恵まれ、取り上げる題材の選択から、配列、表現まで完璧に仕上げます。ブループリュスと相性のよい色はすべての純色で、ワンポイントになります。向いている職業は哲学者や料理研究家などです。

例》その人は文筆の才能に恵まれた啓蒙的思想家です。複雑で難解な現象を、平易な言葉で理解しやすく表現します。役に立つ資料の検索方法がたくみです。その人は現代屈指の思想家として鋭い才能を発揮します……。

9/12

マルベリー

精神高揚
理想
家族愛

桑の実の暗い紫色　mulberry

人を立派に育成する教育者

やがて実現させるべき気高い理想を抱き、何ごとにも耐えることができます。他人を認め、育てることを心の支えとし、自らの誇りとします。教育者としてふさわしい人柄です。マルベリーと相性のよい色はパステルトーン、向いている職業は教育者や刑務官などです。

例》その人は小学校の教師です。精神の高揚を心がけ、生徒を立派な人物に育成します。教育者としてふさわしい人柄で、至高の教育理念に向かって努力を惜しみません。また愛情が豊かで賢明なその人は、家族の心の支えとなっています……。

9/13

パープルネイビー

ネイビーブルーの紫味がかった青　purple navy

こまやかさ
洗練
独創性

絵画のように繊細なロマンチスト

香り高く洗練されたスタイルを持つロマンチストです。自分の考えが完成をみるまでは落ち着きません。絵画のようなこまやかさと、独創的な発想が人びとに感銘を与えています。パープルネイビーと相性のよい色は純色でワンポイントになります。向いている職業は園芸家や作法や茶道の教師などです。

例》その人は洋ランの園芸家です。ラン科の植物は非常に種類が多く、その分布は熱帯から亜熱帯、低湿地から高地まで及び、それぞれの環境に適合して生存しています。さまざまな種類のランを上手に育てていくことは大変ですが、その人の生きがいになっています……。

9/14

タン

なめし革のような黄色味のブラウン　tan

着想
努力
徹底追究

疑問が明らかになるまで調べる情熱家

着想がすばらしく、それを表現する能力にもすぐれています。何ごとにものめりこむ性格で、疑問は答えが出るまでとことん追究します。タンと相性のよい色は寒色系の明色で、向いている職業は料理研究家やコピーライターなどです。

例》その人は美容料理研究家です。その人は短大を卒業すると、イギリス、フランス、イタリアで3年間、世界の肥満女性の食事内容を調査しました。帰国後はホルモン学、生理学、調理学、カロリー計算などあらゆる分野から肥満の予防と解消の方法を探っています。「ダイエットは〝やせる〟のが目的ではなく、〝健康になる〟のが目的です」とその人はいいます……。

9/15

褐色《かつしょく》

意志
好奇心
経験

我の強いストレートな人

ストレートな強い意志を持ち、子どものような好奇心により自分にないものをどんどん吸収して、自分のものにすることができます。経験することの必要性を理解している人です。褐色と相性のよい色は寒色系の明色、向いている職業はテレビ局のディレクターやプロデューサーなどです。

例》その人はテレビ局の報道部のディレクターです。「この仕事を選び、今まで続けてきてわかったことは、数をこなさないと密度の濃いものはできないということです」とその人はいいます。その人の仕事は番組づくりですが、いくらメカが発達しても最後は人の手が必要なのだと実感しています……。

9/16

心情
伝統
主義主張

テラコッタ

土を焼いて作る顔料で濃いブラウン　terracotta

豪気で大胆な考え方を示す善人

心情豊かで、たとえだれかに絶望的なことを話す場合でも、充分な思いやりがこめられています。伝統的なものに傾倒し、ものごとの重みやモニュメント性を大切にし、自分の主張や理念を貫き通します。時には、武骨で粗野なものいいをしますが、それでいて高貴さが感じられます。テラコッタと相性のよい色は寒色系の明色、向いている職業は建築家や華道家などです。

例》その人は建築家です。「現在はコンストラクション・マネジャーという人びとの台頭によって、建築家の立場が変わってきていますが、私は自分の信条に素直に対応していくだけです」とその人はいいます……。

9/17

沈着冷静
直観
思いやり

浅葱《あさぎ》鼠《ねず》

浅葱色がかった鼠色

安定した人柄で人から頼られるしっかり者

思いやりが深く、心が安定しているので、人に頼りにされます。胸に深い感情を秘め、侮辱に対しては過敏です。鋭い直観力で危険を即座に察知し対応できます。浅葱鼠と相性のよい色は暖色系のパステルトーン、向いている職業は自然を相手にする学者などです。

例》その人はナチュラリストです。森林浴を提唱し、「森には不思議な力があります。スギやヒノキの香りのもとになる物質は人体に好影響をもたらし、そのため林業従事者は長寿といわれます。森の持つ力をもっと究明し、生活にもいろいろなかたちで応用していきたいとも考えています」とその人はいいます……。

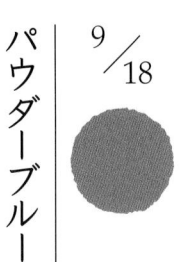

9/18

パウダーブルー

粉のような灰色味のスカイ　powder blue

後進の指導を得意とする温厚な人

冷静
温厚篤実
威厳

温厚篤実で、冷静です。人がまねのできないような発想をし、それを完全なかたちにするためには極度に集中します。また、穏健でありながらも威厳を持ち、後進の若い人びとを育てることを得意とします。パウダーブルーと相性のよい色は白、次いで色味のある色の明色です。向いている職業は研究者や振り付け師などです。

例》その人は研究者です。製品開発などを具体的に手がけ、疑問や難問にも敢然と立ち向かい、その解答や解決策を探し求めます。単なる実用主義を超越した命題に引かれ、突然発想がわき、次いで総括的なスケッチを描き、究極的にはだれにもまねのできない斬新な仕事を完成しています……。

9/19

ライラックヘイズィ

ライラックのにぶい色　lilac hazy

厳しさを糧に円熟の域に達する努力家

厳格
日本的
素質の開発

厳格な環境で育った、気品ある人です。稽古や勉強などに真剣に臨み、潜在する素質を開発していくことができます。西洋より日本の伝統芸術に引かれます。周囲の人に会うたびに新しい印象を与えるため、そのつど別人のように思われます。ライラックヘイズィと相性のよい色は白、どんな色でもアクセントになります。向いている職業は日本舞踊家や茶道家などです。

例》その人は日本舞踊家です。子どものころから厳しい稽古をいやがることもなく、むしろそれを糧に成長しました。当代家元に弟子入りし天分を磨き、円熟の域に達しています……。

9/20

ライトレモン

明るいレモン色　light lemon

敏感な感性を持つ素直な人

憂愁
純粋
洗練

憂愁を秘めた内向性と敏感な感性を保っている人です。洗練された言葉と動作で、まろやかさと純粋な資質とをあわせ持っています。そのため、たやすく涙にかき暮れたり、感情的になってしまうこともあります。ライトレモンと相性のよい色は寒色系のパステルトーン、向いている職業は和楽器の奏者や編集者などです。

例》その人は横笛奏者です。「日本古来の楽器、横笛は、一般的にはなじみが薄いかもしれません。でも、能や長唄、祭ばやしなどにはよく使われています。あのヒョウヒョウと鳴る独特の音色がとても耳に心地よい」とその人はいいます……。

9/21

ティーグリーン

抹茶の色　tea green

気高く汚れのない神秘主義者

高潔
神秘主義
孤独

意欲的で高潔です。超能力や宇宙人など神秘的なものに引かれる傾向もあります。また、時によそよそしく振る舞ってしまい、孤独になりがちです。ティーグリーンと相性のよい色は濃い緑、向いている職業は登山家、冒険家や占い師などです。

例》その人はアウトドア派です。とくに「バードウォッチング」（BW）に資格も特別なハウツーもない時から引かれました。「道具は双眼鏡、フィールドガイド（鳥の名前や生態などが載っている図鑑）、フィールドノート、以上三種の神器をそろえることだけです。鳥たちを見ていると、自分も自由に飛んでいるような気分になる」とその人はいいます……。

9/22

ブールジョン

楽しい会話
快活
折り目正しさ

浅い黄緑　bourgeon仏

気持ちよい雰囲気をつくりだす朗らかな人

快活な人柄で、楽しい会話で人を気持ちよい雰囲気に包んでくれます。俳諧に精通し、時に日本舞踊をたしなみます。日本文化の〝道〟に通じた折り目正しさには定評があります。ブールジョンと相性のよい色はグレイ、向いている職業はインテリアデザイナーや詩人、茶道家、舞踏家などです。

例》その人は寝室プランナーです。「枕の高さ6～8センチ、左右50センチぐらいが寝やすく、寝床の中のベストコンディションは温度33度、湿度50パーセントです」とその人はいいます。一人でも多く快眠できる人が増えて充実した日々を送ることができればと考え、研究に余念がありません……。

9/23

ジョーンシトロン

公正さ
自力
自己犠牲

緑味の黄色　jaune citron仏

手ごたえを本能的に感じる野心家

少し忘れっぽいところがありますが、人に頼らず自分自身の力で進みます。もったいぶって人に気をもませますが、公正さと専門的能力と自己犠牲により克服します。ジョーンシトロンと相性のよい色は黒、向いている職業はイベントプランナーや工業デザイナーなどです。

例》その人はプランナーです。手ごたえのある仕事ほどやる気がわき立ちます。その人は次から次へとトレンドに合った新しいプロジェクトの企画書をつくりあげていきます。それらを成功に導くことによって周囲の期待に応えることが生きがいとなっています……。

9/24

勝負
好機
直観

鶸色《ひわいろ》

ヒワの羽毛のような強い黄緑

しきたりを打破して突進する情熱家

好機をつかもうと、時には失敗を覚悟で勝負に出るところがあります。また、この仕事がどれほどの波及効果があるかを本能的に察知し、やる気を奮い立たせます。鶸色と相性のよい色は濃い緑、向いている職業はライター、作家などです。

例》その人はライターです。古いしきたりを変えて新しい目標に向かって行動します。人に頼ってひどい目にあった苦い経験があるので、仕事と行動は独立独歩です。瞬間をとらえ、ひたむきに突進します……。

9/25

配慮
構想
瞬発力

サンオレンジ

明るい黄色味のオレンジ色　sun orange

環境に影響を受けやすいナイーブな人

周囲に充分すぎるほどの配慮をします。仕事に関しては、人に説明して頼むより自分でやってしまいます。時間をかけて温めた構想を一気呵成に実行する人です。周囲の影響を受けやすいナイーブな一面もあります。サンオレンジと相性のよい色は白1色、向いている職業はピアニスト、プロゴルファー、テニスプレーヤーなどです。

例》その人はピアニストです。無類のリズム感は、演奏するたびに評価が高まり、ソリストとしての実績を残しています。他方、その人はピアノの練習やコンサートの間にあいた時間をみつけては水泳、ゴルフ、テニスを楽しんでいます……。

9/26

タンジェリンオレンジ

責任感
熟考
オリジナル

みかんの色　tangerine orange

模倣を嫌い独特の発想をする人

ものごとを判断するまでに熟考に熟考を重ね、強い責任感をもって行動します。また、人の模倣を極端に嫌い、独特なひらめきで周囲の人びとを驚かせます。タンジェリンオレンジと相性のよい色は白1色、向いている職業は漫画家、劇作家などです。

例》その人は漫画家です。茶目っ気がありますが、「この作品はどこかで見たことあるな」などといわれるのをひどく嫌います。その人には模倣よりはるか遠くへ飛んだ、インスピレーションの世界があるのです。その人のユニークな作風は高く評価され、ファンも多いのです……。

9/27

タイガーリリー

おにゆりの明るい赤味のオレンジ色　tiger lily

生命力
先駆者
勇気

奇想天外な着想をするパイオニア

意志が強く、健康的で生命力にあふれ、いろいろな分野で先駆者となります。指導者となる素質も充分です。奇想天外な着想、屈託のない人柄、勇気の持ち主で、だれからも好かれます。時どき混乱することがありますが、ユーモラスな雰囲気につつまれています。タイガーリリーと相性のよい色は白1色のみ、向いている職業は会社経営者やツアーコンダクターなどです。

例》その人は経営者です。新しいプロジェクトを推進し、勇猛果敢に行動を開始し、すばやく業界のトップに躍り出ました。しかし、それに甘んじることはしません。ただ日々の暮らしには疎く、うんざりとしてしまいます……。

9/28

緋《ひ》色《いろ》

冴えた黄色味の赤

夢
尊敬
構想

崇高な雰囲気で尊敬できる人

崇高な雰囲気につつまれた夢を追い続ける人です。また、卓越したいろいろな構想をいきなり考え出すので周囲からは驚きと尊敬の目で見られます。まったく見込みのない絶望的な状況でむなしい期待を抱くことを嫌います。緋色と相性のよい色は白1色のみ、向いている職業は華道・茶道の師範などです。

例》その人は華道の師範です。彼女の作品には言葉ではいい表すことのできない感動的で崇高で神秘的な雰囲気があり、だれでも高く評価しています。ホテルのロビーやいろいろなイベントにその人の作品はセンターオブジェとして置かれ、ひととき光彩を放ちます……。

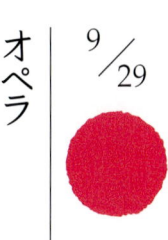

9/29

オペラ

天真爛漫
強靭な精神
鋭さと温かさ

明るい赤紫色　opera

ひとつのことに集中できる人

天真爛漫でお人よしです。夢中になれるひとつのことに無上の喜びを感じ、ほかのことに転じることはありません。鋭さと温かみのある人です。外見に似合わず、強靭な内面性を持っています。オペラと調和する色は白1色だけ、向いている職業はデザイナーや俳優などです。

例》その人はグラフィックデザイナーです。自分が最もよく知っている世界、すなわちその人自身の心と想像力の世界を探究します。そこから生まれる造形感覚によって次から次へと美しい作品を創作します。自分の内部に発見したものに形と色を与えるとき、その人は喜びを感じるといいます……。

9/30

アマランスパープル

現実
本質
探求心

伝説の花アマランスの冴えた紫　amaranth purple

美しい場所を探し求めるロマンチスト

ロマンチストですが、現実の生活から何かを学ぼうとします。遭遇する事象に探りを入れ、その本質を求めます。他人の好奇心から身を守るため仮面をかぶって行動することもあります。アマランスパープルと相性のよい色は白1色、向いている職業は文学者、作詞家などです。

例》その人は文芸作家です。ロマンチックな谷間を訪れ、もっと美しい場所はどこにあるのか人にたずね歩いている――その人を見ていると、不思議とそんな情景が思い浮かぶのです。その人の予感はすべて的中します。そのわけを知ろうとかたわらに座り、その人のノートをのぞきこんでもその謎はわかりません……。

October 10

5	Y50	M50	C20	B0
6	Y90	M70	C30	B0
7	Y100	M70	C40	B0
12	Y100	M80	C20	B40
13	Y100	M80	C20	B60
14	Y100	M90	C30	B80
19	Y7	M7	C0	B40
20	Y0	M0	C0	B60
21	Y0	M0	C0	B70
26	Y54	M30	C70	B0
27	Y56	M50	C80	B0
28	Y0	M12	C0	B70

1
Y65 C0
M70 B0
2
Y80 C0
M70 B0
3
Y70 C0
M80 B0
4
Y100 C0
M85 B0
8
Y100 C30
M70 B10
9
Y100 C20
M80 B50
10
Y75 C20
M60 B0
11
Y70 C30
M70 B0
15
Y100 C65
M100 B0
16
Y60 C20
M50 B0
17
Y5 C0
M5 B20
18
Y6 C0
M6 B30
22
Y0 C0
M0 B80
23
Y100 C50
M50 B0
24
Y100 C70
M50 B0
25
Y0 C0
M10 B60
29
Y70 C70
M70 B0
30
Y56 C55
M80 B0
31
Y30 C36
M60 B0

10/1

黄《おう》丹《に》

皇太子の礼服として用いられた黄丹の衣《きぬ》の強いオレンジ色

訓練
生命力
リズム感

芸術とスポーツに秀でた活発な人

生まれながらに芸術やスポーツなどの才能に恵まれ、訓練によって完全な技術を身につけることができます。その才能の一つは生命力に結びついたリズム感です。黄丹と相性のよい色は暖色系の明色、向いている職業はライターやヘアメイクデザイナーなどです。

例》その人はフリーライターです。筋道を立てて説明することが苦手で、何もかも自分でやってしまうところがあります。調査、取材、原稿のそれぞれに丹念な仕事を展開しているにもかかわらず、締め切りにはきちんと間に合わせます。その仕事は精度が高く定評があります……。

10/2

弁《べん》柄《がら》色《いろ》

インド・ベンガル地方からもたらされた濃いブラウンの顔料の色

陽気
創造
ほほえみ

だれからも愛される温かい心の持ち主

常に明るく、笑顔を絶やさないのでだれからも好かれます。少しおっちょこちょいなところもありますが陽気なムードがあります。またその健全な心と体が創造的意欲のもととなっています。弁柄色と相性のよい色は寒色系のパステルトーン、向いている職業は獣医、建築家、デザイナー、エンジニア、スポーツ選手などです。

例》その人は獣医です。昨今都会ではコンクリートの集合住宅が増えて、動物とふれあうことなしに暮らす人が多くなっています。人と動物が互いに心地よく暮らすことを提唱し、とくに老人医療などの福祉に役立てようと考えています……。

10/3

パワー
充実
挑戦

キャロットオレンジ

人参のような赤味のオレンジ色　carrot orange

ひとりぼっちを好まない社交的な人

心身ともにパワーがみなぎり、毎日の生活が充実しています。新規事業に敢然と立ち向かい、難問を解決する力を持っています。キャロットオレンジと相性のよい色は寒色系のパステルトーン、向いている職業は会社経営者や建築家などです。

例》その人は会社経営者です。社交的で、お人好し。ひとりぼっちが嫌いです。客観的にものごとを見るのが、苦手なことを自覚しています。「マーケティング効率はコミュニケーション効率しだいで決まってしまいます。コミュニケーションとは、私たちのエネルギーの交換です」とその人はいいます……。

10/4

感性
怜悧
美貌

フレイムオレンジ

冴えたオレンジ色　flame orange

感情を包み隠した情熱家

研ぎ澄まされた感性を蓄え、美貌と怜悧《れいり》さから人にもの静かな印象を与えます。心身ともに緋色の温かさを吸収しています。しかし本当は激しい感情を包み隠しているのです。フレイムオレンジと調和する色は白と寒色系の明色、向いている職業は学者や俳優、報道カメラマンなどです。

例》その人は動物学者です。水の中で「チチチチ」とイルカの声が聞こえます。「空気中より早く音が伝わる水の中では、たとえ姿が見えなくても、声でイルカの接近がわかる」というその人は今イルカの能力研究に夢中です……。

10/5

保守的
義務感
責任感

丁字《ちょうじ》色《いろ》

沈丁花《じんちょうげ》の木を煎じたにぶいオレンジ色

気まぐれな行動を許せない合理主義者

強い義務感と責任感を持っています。合理的に行動する傾向があり、他人の気まぐれを許すことができません。常に斬新なアイデアが頭の中に渦巻いており、気持ちが高まれば即座に形にできる人です。丁字色と相性のよい色は暖色系の明色、向いている職業は発明家やコンピュータのプログラマーなどです。

例》その人はコンピュータのプログラマーです。根っから保守的な性格のため、人には頼らずにひとりで新しいものを発見しようと努めています。「毎日少なくとも10人の新しい人と会うのがモットーです。新しい出会いは私に新しい発想を与えてくれるから」とその人はいいます……。

10/6

体調
精神の安定
安らぎ

シナモン

浅い赤味のブラウン　cinnamon

非凡なものが直観的にわかる人

いつも体調が良好であることを大切にします。どのようなときでも心身ともに安らかな状態にもどし、体の不調や精神の不安定を改善することができます。非凡なものを直観的に見抜き、理解する力を持っています。シナモンと調和するのは暖色系の明色、向いている職業は古典芸能や自然療法などの研究者です。

例》その人は能の研究者です。能を楽しむには2つの方法があるとその人はいいます。「一つは芸術家の目で能を鑑賞する方法、もう一つは謡本に目を走らせながら鑑賞する方法です。能を知らなくても、動作や衣裳の美しさ、そして何よりも雰囲気を味わうことです」……。

10/7

カフェオーレ

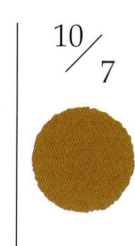

黄色味のブラウン　café au lait仏

知識
たくましさ
決断力

料理好きで旺盛な生活力の持ち主

積極的に知識の習得に努めています。たくましい体と決断力に基づいた生活力に満ちています。堅実な精神をもって人を力づける人です。また、料理好きで日本料理が得意です。カフェオーレと相性のよい色は寒色系の明色、向いている職業は料理研究家や社会福祉の仕事などです。

例》その人は料理研究家です。「秋からは高蒔絵《たかまきえ》椀《わん》（表面の模様を浮き上がらせたおわん）をよく使います。おわんのふたを開けたとたん、マツタケの香りが広がり、それに鱧《はも》が組み合わされてみごとな味となり、さらにユズの香りが添えられています」。これがその人の得意としている代表的な日本料理です……。

10/8

煉《れん》瓦《が》色《いろ》

安楽
幸せ
自由

自然と一体化できる自由人

安楽な生活、平和な家庭、家内安全といっただれもが望むような平均的な幸せを求めます。一方で生々流転というような自然の法則と一体化して、自由な境地をひらくのです。煉瓦色と相性のよい色は寒色系の明色、向いている職業は陶芸家や園芸家などです。

例》その人は陶芸家です。「偶然とも人為ともつかないやきもの美しさは、ちょっといい方は悪いかもしれませんが胡《う》乱《ろん》な芸術です。造型的な骨格より、その肉質や肌で逆らいがたい官能的な美しさを持っています」とその人はいいます……。

10/9

テラローザ

赤い土の色

理論的
感受性
危険回避

新しい境地を開く驚異の人

感受性が鋭く、注意深く検証を繰り返し、理論的枠組みは緻密です。建築、絵画、文学、音楽などの芸術分野において既存の方法で試みることに満足できません。だれからも驚異の目で見られます。危険から身を守るのは上手ですが、細かいことにこだわります。テラローザと相性のよい色は寒色系の明色、向いている職業は茶道家やファッションデザイナーなどです。

例》その人は茶人です。「茶は茶事《ちゃじ》にありといわれますが、茶の湯は点前・作法だけの稽古ごとではありません。一期一会《いちごいちえ》の時を過ごす茶事にこそ、真の茶の姿があると信じています」とその人はいいます……。

10/10

オーカー

黄土の浅い黄色味のブラウン　ocher

知力
先見の明
人間の理解

あくことなき探究心の持ち主

並外れた知力に恵まれているとともに、あくことなき探究心の持ち主でもあります。先の先までものごとを見通す力があり、人間の特性を実に深く理解しています。オーカーと相性のよい色は寒色系の明色、向いている職業は漫画家やキャスターなどです。

例》その人は漫画家です。「映画や演劇と同じように、マンガだって認められる時代がくると信じていました。でもそれが、自分の世代にくるとは思っていなかったし、こんなにメジャーな世界になろうとは、思ってもみませんでした」とその人はいいます。その人は多くのジャンルにわたる作品を次々と発表しつづけています……。

10/11

キャメル

記憶力
創造力
才能

浅いブラウン　camel

衝動的な言動をすることのない正直な人

何をやっても才能があり、記憶力にもすぐれ、専門分野で驚くべき創造力を発揮します。気どることなく、落ち着いた姿勢で自分を貫きます。〝正直〟が人徳となっています。キャメルと相性のよい色は寒色系の明色、向いている職業は造園家や作曲家などです。

例》その人は造園家です。園路、蹲踞《つくばい》、燈籠、庭木、庭石、石造品、枝折《しお》り戸《ど》、垣根——。これらの〝庭にまつわる言葉〟にその人は精通しています。また茶人としても活躍し、そのほかにも絵画、和歌、生花、建築、陶芸にとその多才ぶりは及んでいます……。

10/12

バーントシエンナ

個性
壮大
想像力

土を焼いて作る顔料で赤味を帯びた栗色　burnt sienna

素朴な優しさを持つ奥ゆかしい人

個性的で、壮大なスケール、奥深い内面性、豊かな想像力、素朴な優しさとを持ち合わせています。興味を引かれるものには素直に没頭し、責任を回避したり、放棄することはありません。食通で、料理の腕前もすぐれています。バーントシエンナと相性のよい色は寒色系の明色、向いている職業は数学者や哲学者などです。

例》その人は数学者です。「数学で最もむずかしいのは、『美』を感じることができるように表現することです。どんなにすばらしいものか、ポケットから出して見せるようなことは不可能なのです。数学は大脳皮質を刺激してしか知覚できないのです」とその人はいいます……。

10/13

栗《くり》皮《かわ》色《いろ》

暗い黄色味のブラウン

いつも音楽とともにある健康な人

健康でスタミナがあります。感情に走ることなく誠実でむしろ保守的といってもよいほどです。また、身のまわりにはいつも音楽があり、発する言葉は甘美で、神秘的な甘いささやきになります。栗皮色と相性のよい色は寒色系の明色、向いている職業は評論家、作家などです。

例》その人は女性評論家です。実業家の家庭に育ち、両親から厳しくしつけられました。そして、その教育は実を結びました。その人は結婚後、親から受けた教育を子育てに応用し、すばらしい家庭生活と仕事とを両立させています……。

スタミナ
神秘的
保守的

10/14

セピア

イカ墨の暗い灰色味のブラウン　sepia

豊かな感性を持つ気まぐれな人

教養が深く、ものをつくりだす感性にすぐれています。それでいて、いつまでも気まぐれで子猫のような初々しさが残っていて、それが独創性をよりすばらしいものにしています。セピアと相性のよい色は寒色系の明色で、向いている職業はイラストレーターやメイクアップアーティストなどです。

例》その人はイラストレーターです。いろいろな会社の企画・編集室に出入りするうちに、ネズミ算式に仕事が増えていきました。「仕事のおもしろさがわかってきたのは、依頼されたものを自分流に消化して好みを出せるようになってから」とその人はいいます……。

教養
初々しさ
独創性

10/15

親の愛
自己啓発
洞察力

代《たい》赭《しゃ》色《いろ》

赤土を焼いて作る顔料の色

機知に富む聡明な人

温かい母親の愛情のもとで、幼いときから正確なリズム感や感性を養ってきました。さらに自己啓発することで、鋭い洞察力と透徹した直観力が生まれ、新しい興味の対象に向かっていきます。聡明で機知に富んでいるため多くの人に好かれます。代赭色と調和する色は寒色系の明色、向いている職業は鑑定家や画商などです。

例》その人は宝石の鑑定家です。その人は宝石の輝きに魅せられています。とくにダイヤモンドにご執心で、そのすばらしさをデザインによっていかに引き出すかを考えると、わくわくするそうです。その人の目は宝石を見ると鋭く光ります……。

10/16

優等生
入念
慎重

トパーズ

にぶい黄色味のオレンジ色　topaz

創作活動のすみずみに自分らしさを出す才人

幼いころ、自分の持つイメージをしっかり表現できる優等生でした。ものごとは慎重に計画し、入念に仕上げをします。その慎重さと入念さにはだれもが驚きます。また、創り出すもののいたるところに個性が顔をのぞかせます。トパーズと相性のよい色はすべてのパステルトーン、向いている職業は作家やアニメーターなどです。

例》その人は作家です。まばゆいばかりの想像力が次から次へと芽生え、創作活動のすみずみにまで浸透していきます。それがいく重にも屈折した表現となって、作品に叙情性を生み出していきます……。

10/17

清らか
理解力
思いやり

オーキッドホワイト

灰色味の白　orchid white

おだやかな心で度量が大きい人

心がたいへん清らかで、おだやかにどんな人とも対応するのが特徴です。感情の微妙な動きを正確に表現することが苦手ですが、思いやりと理解力に満ちた心で尊敬を集めます。オーキッドホワイトと相性のよい色はパステルトーン、向いている職業は看護師、航空機の客室乗務員などです。

例》その人は大学病院の看護師です。おだやかで思いやりがある対応で、入院患者はその人に心を開いていろいろな話をします。日々の対応からその人は患者が何を欲しているかを感じとり、信用を得ています……。

10/18

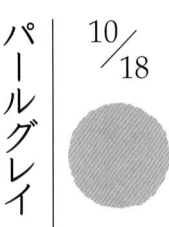

パールグレイ

活発
優美
威厳

真珠の白に近いグレイ　pearl grey

静と動がほどよく融和した魅力の持ち主

生まれながらにして文学・音楽にすぐれた理解力を持ち、威厳もかね備えていますが、自分ではそれを意識することはほとんどありません。幼いときに活動的に過ごしたため、活発さと優美さ、つまり静と動がほどよく調和した不思議な魅力をもっています。パールグレイと相性のよい色は白、向いている職業は作曲家、作詞家などです。

例》その人は作曲家です。その人のつくった曲は流れるような旋律と活動的なリズム感が融和しています。ふだんあまり音楽を聞かない人にも、強い感動をおぼえさせることができるのです……。

10/19

銀《ぎん》鼠《ねず》

慎ましさ
礼儀
気品

明るいグレイ

思いやり深く気品に満ちた人

思いやりに満ちあふれ、如才なさ、限界を超えない慎ましさがあります。若いときに身につけた礼儀や言葉づかいなどには非の打ち所がまったくなく、気品に満ちた人柄です。銀鼠と相性のよい色はパステルトーン、向いている職業は調香師、華道家などです。

例》その人は調香師です。あるとき道ですれ違った着物の女性から漂う控えめで上品な香りに興味を引かれました。調べてみると、日本のお香であることがわかりました。それ以来、いろいろなお香を焚いてみては、自分で調合することまでしています……。

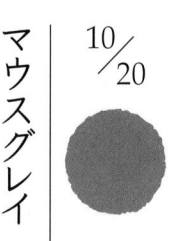

10/20

マウスグレイ

自然の法則
慣習
試行錯誤

mouse grey

着実で堅固な生活を送る平和主義者

平和を好み自然の法則を見つめ、揺るぐことのない価値観を設定して慣習をつくりあげていきます。さまざまな要因による試行錯誤の繰り返しに耐え抜くことができます。輪廻《りんね》のようなことを信じる人もいます。マウスグレイと相性のよい色はパステルトーン、向いている職業は会社経営者やフラワーデザイナーなどです。

例》その人は経営者です。洗練された趣味を楽しみ、控えめで奥ゆかしい人柄です。公私のバランスを保つことにすぐれており、部下もその奥ゆかしさゆえにその人の命令には自然と対応できるといいます。その経営能力はたいへん高く評価されています……。

10/21

鳩《はと》羽《ば》鼠《ねず》

宗教的
禁欲
叙情性

鳩の羽毛のような紫味のグレイ

神聖な思索で人間性を回復する人

宗教的な感情によって心を高揚されます。それだけに人間性、叙情性の回復を必要とします。人間の持つ欲望にも悩まされることがよくあります。また、恋という情熱に猪突猛進しがちです。鳩羽鼠と調和する色はパステルトーン、向いている職業は宗教家や証券アナリストなどです。

例》その人は牧師です。興奮や俗事をはねのけ、宗教的瞑想に入ることができます。仕事柄、個人のプライバシーを知る機会も多いのですが、報いを望まず、懸命に人びとに対応するので、多くの人から信頼されています……。

10/22

文化
喧騒
都会的

石《せき》板《ばん》色《いろ》

暗いグレイ

仕事一途の合理主義者

ロマンチックな感情や田園的な美しさよりも都会的な文化生活や喧騒を好みます。人間関係では周囲からの尊敬や嫌悪の交錯に、時にはとまどうこともあります。仕事を趣味とする傾向があります。石板色はすべての色と合います。向いている職業は取材記者やスタイリストなどです。

例》その人は取材記者です。都会の喧騒の真っただ中に身を置いて、多忙なスケジュールをこなしていくことがその人にとっての生きがいです。文化的志向が強く、仕事一途の合理主義者です……。

10/23

自信
記憶力
不屈の精神

芥子《からし》色《いろ》

構想をじっくり練り実現させる自信家

自分の真価に気づいています。すぐれた記憶力によってひとつのテーマについて納得いくかたちになるまで情報を集め、構想を練っていきます。仕事に対して不屈の精神を持っていますが、自信過剰な点には注意が必要です。調和する色は白1色のみ、向いている職業は作家、脚本家などです。

例》その人は作家です。自分の構想が文章になるまで、とても時間がかかります。他人からは何もしていないように見えても、その人の頭の中では着々と構想に磨きがかけられて、やがてそれは小説というかたちになって現れます。その作品は高い評価を受けています……。

10/24

シーモス

情熱
協力
夢

海中の水ゴケのような灰色味のオリーブグリーン　sea moss

基礎となる考えがしっかりしている人

考えの基礎がしっかりしているため、軽々しく他人の言葉に耳をかたむけようとはしません。むしろ、自分の燃えるような情熱にかき立てられて、人びとの賛同と協力を得て仕事を完成させ夢を実現させようとします。シーモスと相性のよい色は白、向いている職業はエッセイストや振り付け師などです。

例》その人はエッセイストです。「文章を書くときにはブロンズの像を見るようにハッキリと自分の目と耳で確認してから考えるようにしています。そうすると自然と気分が高揚し、理念としてまとまってくるんです。そうなると一気に仕上げることができます」とその人はいいます……。

10/25

ローズグレイ

丁寧
敬意
静寂

やや赤味がかったグレイ　rose grey

控えめで慎ましく振る舞う落ち着いた人

後輩に対しては丁寧に、先輩に対しては敬意をもって接します。仕事には常に細心の注意を払います。うわさ話や批評などのわずらわしいことを嫌い、静寂を好む控えめで落ち着いた人です。ローズグレイと相性のよい色はうす緑、黄、白、向いている職業はヴァイオリン奏者やハープ奏者などです。

例》その人はヴァイオリニストです。その人は典型的な上方美人で、はんなりとした魅力と、天才少女の持つ透明感が不思議に共存しています。若々しさと清涼感あふれる演奏をします……。

10/26

独立独歩
指導者
活路

ライトターコイズ

トルコ石の明るい青緑　light turquoise

常に冷静で思慮深く行動する人

常に冷静で思慮深く行動する独立独歩のタイプです。精力、才能、勇気などを持ち合わせ、指導的な立場でどんなに不確実な状況の中でも活路を見いだし、先駆します。ライトターコイズと相性のよい色は暖色系のパステルトーン、向いている職業は自営業やテレビ局のプロデューサーなどです。

例》その人はホテルの経営者です。政治・経済の大きな変化、技術革新の進行、不安と不確実性に満ちた社会情勢の中で、現代を代表するのにふさわしい経営者です。現代の感性にマッチしたホテルを経営しています……。

10/27

継続
安らぎ
自然

錆《さび》納《なん》戸《ど》

灰色味がかったにぶい青緑

いつも新しい目標に挑戦するチャレンジャー

飛躍的な進歩がなくても、「継続は力なり」という言葉を地でいくようなタイプです。常に新たな目標に挑戦することによって自分を成長させます。自然を好み、自然の中で自分の心身を洗い直し、安らぎます。錆納戸と相性のよい色は白、ピンク、薄緑、向いている職業はパイロットや棋士などです。

例》その人はグライダーパイロットです。大学時代は航空部に所属。はじめてグライダーに乗ったときの印象は、「空ってこんなに簡単に飛べるのか」というものでした。夏休みを利用してアメリカで軽飛行機の免許を、さらにヘリコプターの免許も取得しました……。

10/28

鳩羽《はとば》紫《むらさき》

鳩の胸の羽毛のような灰色味の青紫

前向き
潔癖
気品

行動で学ぶことをモットーにする実践主義者

過去を振り返らず常に前向きに行動します。「行動で学ぶ」ことをモットーとしています。うぬぼれ、ごまかし、見せかけ、うわべだけといったことを嫌う、潔癖で気品のある人柄です。鳩羽紫と相性のよい色は白1色だけ、向いている職業は工芸家や小学校教諭などです。

例》その人はフレーマーです。絵をどういう額に入れたらいいか、どうしたらきれいに保存できるか、また、彫刻などはどのように展示したらいいか……。まだあまり知られていない職業ですが、その人の手で飾られた絵は好評を博しています……。

10/29

栗色

灰色味のブラウン

強情
健康
穏健

穏健でも自分の考えを譲らない

本当は強情で、自分の考えを容易に譲りません。そのことが自分でもよくわかっているだけに、いつも控えめで、ふだんは穏健な態度をくずしません。精神と身体両方の健康を求めています。栗色と相性のよい色は寒色系の明色、向いている職業は医者、学者などです。

例》その人は医者です。とくに東洋医学に興味を持っていて、医学は病気を治すだけではなく、健康を維持するためのもので、生命は〝気〟に始まり〝気〟に返り、〝気〟を充実させることが重要であると信じています……。

10/30

ビンヤード

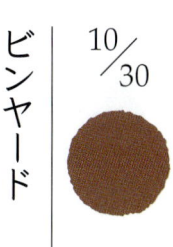

経験
目的と手段
相談相手

ぶどう畑のにぶい赤紫　vineyard

心配や難問の解決に力を貸す頼もしい人

堅実で豊富な経験の持ち主です。目的と手段のつりあいをとり、難問にもひるみません。博識で知見と優しさを兼ね備え、多くの人の相談相手となり、心の支えになる人です。ビンヤードと相性のよい色は寒色系のパステルトーン、向いている職業は編集者やセラピストなどです。

例》その人は女性誌の女性編集者です。仕事はバリバリできるし、人間的にも包容力があり、そのうえ、容姿も魅力的で、〝キャリアウーマン〟という言葉がピッタリです。知的好奇心によって自分を磨くことを心がけています……。

10/31

ライラック

機知
理知的
勇猛果敢

ライラックの花のような色　lilac

ものごとを成功させるために燃える情熱家

勇猛果敢で生気に満ちあふれ、情熱的で大胆ですが、行動を律することを心がけているため、その片鱗は他人にはめったに見せません。機知に富み、少し気どり屋で、それが社会的野心にみられることがあります。ライラックと調和する色は白1色、向いている職業は華道家や航空機の客室乗務員などです。

例》その人は華道の師範です。「花は時に言葉以上に私たちの思いを人に伝えてくれます。花を生ける、花を摘む、花を愛《め》でる、花を贈る……、そこには何かしら心なごむ優しさが漂います。暮らしの中に花を生けるということは、木漏れ日のときめきに似た安らぎがある」とその人はいいます……。

November 11

5

Y0　C0
M0　B90

6

Y55　C0
M20　B0

7

Y70　C0
M30　B0

12

Y30　C10
M20　B20

13

Y40　C20
M30　B40

14

Y100　C30
M50　B70

19

Y20　C20
M100　B60

20

Y30　C50
M50　B50

21

Y30　C20
M10　B0

26

Y40　C0
M32　B0

27

Y40　C0
M40　B0

28

Y100　C30
M62　B0

1	2	3	4
Y100 C40 M60 B0	Y80 C50 M56 B0	Y18 C0 M18 B90	Y18 C0 M0 B90

8	9	10	11
Y95 C0 M60 B0	Y100 C30 M76 B0	Y100 C50 M70 B0	Y30 C0 M12 B0

15	16	17	18
Y100 C30 M50 B80	Y15 C0 M30 B0	Y30 C20 M60 B0	Y50 C30 M70 B0

22	23	24	25
Y30 C25 M10 B0	Y10 C0 M0 B60	Y12 C12 M0 B70	Y18 C18 M0 B90

29	30
Y80 C50 M62 B0	Y100 C70 M80 B30

11/1

らくだ色

経営力
自信と誇り
我慢

自信と気力に満ちた才腕をふるう人

徹底した組織を構築し、すぐれた経営手腕を発揮します。気力、自信、誇りに満ちあふれ、奇跡や偶然などはまったく期待せず、労を惜しまず我慢強くことを進め、才腕をふるいます。らくだ色と相性のよい色は白、向いている職業は経営者、翻訳家などです。

例》その人は翻訳家です。編集プロダクションに入り、レコードつきの音楽全集から学習テキストまで、多種多様な編集を経験しました。その後、留学経験を活かし外国の本や雑誌の記事を翻訳し、紹介に努めています……。

11/2

子《こ》鹿《じか》色《いろ》

灰色味のブラウン

洞察力
現実派
柔軟性

何にも左右されない強い意志の持ち主

学問に造詣が深く、うわべだけの知識を嫌います。洞察力にすぐれ地に足がついた考えを持つ現実派で、何ごとにも左右されない強い意志の持ち主ですが、あらゆる局面で柔軟に対応することができます。子鹿色と相性のよい色は白、向いている職業は舞台俳優や通関士などです。

例》その人は劇団の女優です。美しさを表現する演技をひとつとっても、その女優の考え方や生き方が表れてしまいます。その人は立ち居振る舞いを含めて、日々、精神的によい生活を心がけています……。

11/3

黒《くろ》茶《ちゃ》

黒い灰色味のブラウン

公正
高潔
信頼

人からの助けを大切にできる人

ものごとに対して公正な判断のできる高潔な人です。多くの人から信頼されるとともに支持もされますが、そのことに対して心の底から感謝することができる素直な人柄です。黒茶と相性のよい色は黄と薄い茶色、向いている職業は取材記者やシステムエンジニアなどです。

例》その人は取材記者です。たとえ悲劇的な事態に遭遇したり、不愉快きわまりないことが起こったとしても、その特異な体験をけっしてムダにはしません。体験できることはなんでも体験しようとする好奇心の持ち主です……。

11/4

トープ

モグラの暗いブラウン味のグレイ　taupe

感覚
職人わざ
至高

自分の仕事に誇りを持てる自信家

話しぶりが落ち着いていて、仕事に対する自信に満ちています。感覚が鋭く頭脳も明晰です。また、巧みな職人の腕前を持っています。自分の仕事に誇りを持ち、至高をめざして腕を磨きます。トープをベーシックカラーに使うと、どんな色も引き立ちます。向いている職業はエッセイストやテーブルコーディネーターなどです。

例》その人は山のエッセイストです。その筆致は常に若々しいものです。それはけっして文章のすがすがしさだけからではなく、その人の山を愛する気持ちが描かれているからなのです……。

11/5

チャコールグレイ

消炭《けしずみ》のような黒に近いグレイ　charcoal grey

義理人情に厚く人助けが好きな人

信念
男性的
礼儀作法

信念を持ち積極的に行動します。礼儀作法にうるさく、義理人情に厚いタイプです。力のない人を助け、いつも強烈な権威を備えています。きわめて男性的な人ですが、「お山の大将」にはならないように。チャコールグレイをベーシックカラーに使うと、どんな色とも合います。向いている職業は歌手やメイクアップアーティストなどです。

例》その人は歌手です。その人の歌声は心に染みこみ、魂を包み込むような精妙なバイブレーションがあります。その人の歌を聴いた人は身も心も癒される思いがします……。

11/6

ジョーンドナープル

浅い赤味の黄色　jaune de naples仏

思考と行動のバランスをとれる人

気くばり
予感
バランス

人のいうことなすことが気になり、必要以上に気くばりをしてしまう人です。自分の感情や行動をコントロールでき、虫の知らせを敏感に感じとることができます。ジョーンドナープルと相性のよい色は寒色系のパステルトーン、向いている職業はレポーター、エッセイストや秘書などです。

例》その人はレポーターです。衛星放送のレポーターの仕事を新聞で見つけました。高倍率でしたが、最後はその人の人柄が決めてとなり採用となりました。企画から台本づくり、人集めまでひとりでこなし、いろいろな人からあらゆる分野の人を紹介されて番組をつくりあげる才覚があります……。

11/7

サンフラワー

自由
結果
無鉄砲

ひまわりの冴えた赤味の黄色　sunflower

大胆に偉業をなしとげる自由人

束縛を恐れ、自由な行動を好みます。周囲からは勝手気ままな人と見られがちです。自分でも説明できないような無鉄砲ともいえる方法で大きなことをやってしまい、「終わりよければすべてよし」をモットーに行動します。サンフラワーと調和する色は寒色系のパステルトーン、向いている職業は古典芸能の継承者などです。

例》その人は女性落語家です。「一席おうかがいをいたします」——高座に上がって口を開くと、とたんに〝熊さん、八つぁん〟の世界が広がり、そのおかしさ、おもしろさに観客は思わず声をあげて笑ってしまうのです。関東では数少ない女性の真打ちのひとりです……。

11/8

ナスタチウムオレンジ

組織
バランス
協調性

キンレンカの花のような明るいオレンジ　nasturtium orange

人間関係の機微を心得た人

対人、仕事などあらゆることに対し、いつもほどよい距離をおきバランスをとることのできる人です。組織の中でも信頼できる人物と評価され、人との協調性についてはお手本のようです。ナスタチウムオレンジと調和する色は寒色系の純色、向いている職業は評論家や航空機の客室乗務員などです。

例》その人は美術評論家です。その人は低俗平凡になりがちな価値観を根底からくつがえしてしまう力を持っています。日常に埋もれ、忘れていたものを気づかせてくれるような作品がその人の求める〝名作〟です……。

11/9

楽天主義
大胆
向上心

樺《かば》色《いろ》

桜の樹皮の色

自分自身の力を信じることのできる人

自分の才能を強く信じています。才能とは自分自身と自分の力を信じることです。生活が困窮してもくよくよせず、何ごとも楽天的に大胆に受け止めて向上させていくことができる底力の持ち主です。樺色と相性のよい色は寒色系のパステルトーン、向いている職業は菓子職人やピアニストなどです。

例》その人はあめ細工師です。「ウサギさんつくって」「何色がいい？」「ピンク」……。透き通ったあめに赤と白を入れ、きれいなピンクをつくり、棒の先に、ピンクのあめをつけて、手で引っぱり、ちょんちょんと和バサミを入れます。最後に赤い目を入れると、ウサギができあがります……。

11/10

タバコブラウン

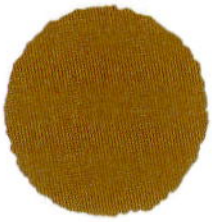

意地
自信
親身

濃い黄色味のブラウン

打ち明け話に聞き入る優しい人

意地っぱりなところがあります。それは身につけた才と芸に対する自信に由来しています。しかし、友人の打ち明け話を親身になって聞いてくれるので、親友が多いのです。タバコブラウンと相性のよい色は寒色系の明色、向いている職業は理容師、作詞家などです。

例》その人はレストランの経営者です。食べることや食材自体が大好きなのです。野菜にしても魚や豆にしても、とにかく食材の持つ形や、色、つや、重量感など、その特徴を活かすことを主体にし、好評を得ています……。

11/11

ペールクリーム

用意周到
創造力
静けさ

白っぽい明るいクリーム色　pale cream

たぐいまれな品格ある感性の持ち主

たぐいまれな感性の持ち主です。静謐《せいひつ》の中に、ひたすら詩歌を吟じ、彩管（絵筆）をふるい、墨書に託すといった心境の人柄です。用意周到で、その創造性は人並みはずれたものがあり、教養の深い学者タイプです。ペールクリームと相性のよい色は薄黄、薄橙、向いている職業はインテリアデザイナーや人形作家などです。

例》その人はインテリアデザイナーです。伝統とモダン、そして和と洋の調和の中に光と闇、陰と陽の美をとり入れ、現代の生活にマッチした空間の創造をテーマにしています……。

11/12

砂《すな》色《いろ》

灰色味の黄色

健康
熟練
芸術

努力と精進により頂点を極める人

心身ともに健康な生活を楽しみます。経験を積み重ね、高度な熟練を要することでも精進により体得し、頂点を極めようと努力する人です。とくに芸術の分野で目覚ましい功績を残します。砂色と相性のよい色はパステルトーン、向いている職業は舞踊家やカーレーサーなどです。

例》その人は民族舞踊家です。踊るときは、それぞれの地域の風景や、民族の風習、生活などをビデオで見てイメージをつくります。たとえば、騎馬民族なら、大草原を馬を駆って走り回るときの気持ちをイメージします。その踊りには日本人離れした風格があります……。

11/13

アッシュグレイ

黄茶がかった灰色のようなブラウン味のグレイ　ash grey

堅実さ
公正な判断
仕事

寸暇を惜しんで仕事に励む働き者

地に足がついた考え方に徹し、ものごとに対しては公正な判断を下します。寸暇を惜しんで仕事に熱中するので人から「働き者」と評価されます。アッシュグレイはどんな色とも調和し、向いている職業は書家や国税専門官、税理士、経理士などです。

例》その人は書家です。一字書きの場合は、一気呵成に書いてしまわなければいけないし、仮名は綿々と書き続けていきます。瞬間的に表現するのか、時間をかけて綿々とやっていくのか……。違うもの同士をひとつの平面で構成し、コラージュのように表現するので、その人の書は前衛芸術のようだと評価されています……。

11/14

ガンメタル

砲金の暗い赤味のオレンジ色　gunmetal

感情に走らない誠実で保守的な人

スタミナ
母性本能
組織力

堅実で感情に走ることのないため信用を集めます。スタミナも忍耐力も抜群で、大きな仕事を任されることもあります。とくに女性の場合には母性本能と責任感が強いので組織をまとめる力があります。ガンメタルはどんな色とも調和し、向いている職業は自然療法の研究家やツアーコンダクターなどです。

例》その人はアロマテラピーの研究者です。「植物は香りだけでなく、さまざまな薬効成分を含んでいます。植物の力は宇宙のリズムにピッタリと合っています。アロマテラピーは植物の力を借りて、人間の体内時計を整える役割を担っています」とその人はいいます……。

11/15

墨《すみ》色《いろ》

夢や希望をいっぱい持つ情熱家

神秘的
強固な意志
独立心

神秘的に見られることを願っています。意志は強固で、いつも独立心に燃えています。心身ともに若いので情熱を抑えるのに苦労しています。夢や希望がたくさんあり、なかなか絞りきれません。墨色はどんな色とも調和し、向いている職業は声楽家や彫刻家などです。

例》その人はソプラノ歌手です。歌っているときは人間的な卑小さから離れ、気高い音楽の化身となることができます。「目に見えるもの、手に触れるもの――を現実と呼ぶなら、そこにないものはみんな夢の世界のものということができるのではないですか」とその人はいいます……。

11/16

桜貝色

普遍的な愛
ロマンチック
上品

教養豊かな洗練された好みの人

普遍的な愛の持ち主で、ロマンチックな情熱を秘めています。好みも上品で、服装も振る舞いも優雅で人を魅了します。教養の範囲は多方面にわたり、才知にたけた人です。桜貝色と相性のよい色はパステルトーン、向いている職業は園芸家や舞台美術家などです。

例》その人は園芸家です。本業のほか、最近、野菜づくりに挑戦しています。はじめてつくったのは、ニンジン、ジャガイモ、カボチャ、トウモロコシ。農薬を使わず、肥料は堆肥《たいひ》などの有機質のものです。販売するほどではないのですが、家族からは好評のようです……。

11/17

オーキッドピンク

上品
喜び
献身

ランの花の紫味のピンク　orchid pink

代償を求めない献身的な愛の持ち主

上品で、服装や所作も優雅です。まわりの人たちに喜びを与え、勇気づけてくれます。何ごとにも子どもに対する親のように代償を求めず献身的に対応し偉業をなしとげます。オーキッドピンクと相性のよい色は寒色系のパステルトーン、向いている職業は弁護士や美術館学芸員などです。

例》その人は弁護士です。感性にすぐれ、自制心があり、その堅実な人柄と仕事の機敏さに引かれて、多くの人びとがその人に信頼を寄せています。言葉、行動、服装にこまやかな気くばりをします……。

11/18

マーシュローズ

湿地・沼地に咲くローズの色　marsh rose

知識や学問をひとつひとつ身につける博識家

信望　挑戦　育成

ものごとに対して多方面に強い興味を持ち、ひとつひとつマスターしていきます。決まりごとは不得意ですが、何にでも挑戦する意欲は人一倍持っています。後輩を育てることがうまく、信望が厚い人です。マーシュローズと相性のよい色は白、寒色系の明色、向いている職業は大学の教授や証券アナリストなどです。

例》その人は短大の教授です。外見的にも若々しく健康的で、仕事を愛し、家族を愛し、たいへん活動的に暮らしています。その人を見ていると、年齢を重ねることの本当の楽しさ、おもしろさが伝わってくると学生には評判です……。

11/19

クラーレット

フランス・ボルドー産の赤ワインの色で濃い赤紫　claret

上品であか抜けた美しい人

教養　感性　精神力

豊かな感性を持ち、服装などの趣味も上品であか抜けています。ものごとに対する洞察力、理解力、直観力はいずれも鋭く、一見たおやかに見えても強い精神力を秘めています。クラーレットと相性のよい色は白1色だけ、向いている職業はタレントやシャンソン歌手などです。

例》その人はアイドルタレントです。20代半ばにして、すでに成熟した大人のムードがあり、大器への予感を十二分に感じさせてくれます。セクシーな芳香が立ち込めています……。

11/20

ダブグレイ

気まぐれ
おおらか
芸術

鳩の羽毛の紫がかったグレイ　dove grey

心身ともに燃えるような生命力の持ち主

気まぐれなところがありますが、ものごとを大きく見る性格で、ケチケチしていません。燃えるような生命力と健全な心を備え、芸術を理解する心があり、その分野で先駆的な活躍をします。ダブグレイと相性のよい色は白1色だけ、向いている職業は演出家や菓子職人、料理人などです。

例》その人は演出家です。大学を卒業してから舞踊団に入り、古典・新作などさまざまなダンスを踊りました。振り付け師からいわれたように踊るだけではなく、自分流に表現することで、作品をつくりあげていきました。その経験が今たいへん役立っています……。

11/21

ペールサロー

せんさく
友人
うぬぼれ

ねこやなぎの花の明るい色　pale sallow

二番になることを好まない自信家

せんさく好きな面がありますが、友人にすると頼もしいタイプです。希望に向かって努力し、二番手になることを嫌います。自分本位になりがちなところや、うぬぼれには注意が必要です。ペールサローと相性のよい色はパステルトーン、向いている職業は学者や校正者などです。

例》その人は生理学者です。融通のきかない性格ですが、いらだつようなことはありません。公正で、専門的研究に熱心で、自己犠牲を払うことにかけては感嘆に値します。弱点は、他人の激しい感情的態度には適切な対処ができないことです……。

11/22

抹《まっ》茶《ちゃ》色《いろ》

信条
理想
器量

目的達成のため猛然とアクションを起こす人

信条を掲げ、それに忠実な生活をします。自分の理想を具体的に表し、ひとたび決めた目的を達成するために猛然と行動を起こします。他人を奨励し助成する器量も備えています。抹茶色と相性のよい色は暖色系の明色、向いている職業は画家やテレビ局のプロデューサーなどです。

例》その人は日本画家です。「夜明け前の空がグレーからブルーに変わるころや、今日こそ咲くぞと一気に花開こうとしている桜を眺めているようなとき、また、自分の呼吸と一体になった座禅のときなどに、みずみずしい泉のように絵の構図が浮上する」とその人はいいます……。

11/23

灰《あ》汁《く》色《いろ》

オリーブ色味のグレイ

目的意識
責任感
集中力

新しいことに意欲を燃やす挑戦者

目的意識がハッキリしていて、新しいことや難航していることを克服する能力があります。それは責任感と集中力があるためです。ただちょっと自己本位のところがあり注意が必要です。灰汁色と相性のよい色は暖色系の明色、向いている職業は舞踊家、システムエンジニアなどです。

例》その人は舞踊家です。踊ること自体がその人の夢であり、希望であり、幸せです。「踊りは人生のあらゆるものを与えてくれます。見る人に何かを与えるのがプロなのです。内面的なものがあやふやなときは絶対に踊れません」とその人はいいます……。

11/24

感情回避
孤独
冷静沈着

鉛色《なまりいろ》

いつも心をコントロールする傍観者

情緒的な面に乏しいところがあり、強い感情を避けようとします。ひとりでいることが好きで、参加するよりもはたから見ているほうですが、それだけに冷静です。いつも心をコントロールし、ひとつの目標に邁進《まいしん》します。鉛色と相性のよい色はパステルトーン、向いている職業はインテリアデザイナーやレポーターなどです。

例》その人は自然派のインテリアデザイナーです。視点を変えて、生活に自然を取り入れる工夫をし、居心地のよい空間をつくります。その人は木、布、鉢植えなど自然にある素材で演出します……。

11/25

保守的
きまじめ
厳粛

オフブラック

純黒ではなく、やや色味を感じる黒　off black

人から威厳と神秘の風貌に見られる人

少し保守的な人です。何ごとに対してもまじめで、いつでも真剣に取り組みます。自分で思っているようにごく普通の人なのですが、人から見ると神秘的に映るようです。オフブラックと相性のよい色は暖色系のパステルトーン、向いている職業はクラフトデザイナーや証券アナリストなどです。

例》その人はクラフトデザイナーです。その人のテーマは骨董のような古いものと現代作家の新しい作品の出会いや、美意識と文化を中心にした西洋と東洋の美の融合です。「納得するものはなかなかできませんが、できたときの喜びは格別です」とその人はいいます……。

温かさ
中立
芸術

11/26

ペールアプリコット

淡いアプリコット　pale apricot

社会にうまく順応する実践派

温かい心の持ち主で、文学や芸術を愛好し、鑑賞する眼を持っています。どんな情勢でも中立を守り、どんな環境にでも順応できます。いつもきちんと身なりを整え、実践派として活躍しています。ペールアプリコットと相性のよい色は黄、向いている職業は工芸作家や脚本家などです。

例》その人は木工芸のクリエーターです。「木は、切っても加工しても生きています。たとえば、草木からつくられる和紙や漆は生き物なのです。漆を塗ると木と漆、和紙と漆がお互いを生かし合って生き続けるのです」とその人はいいます……。

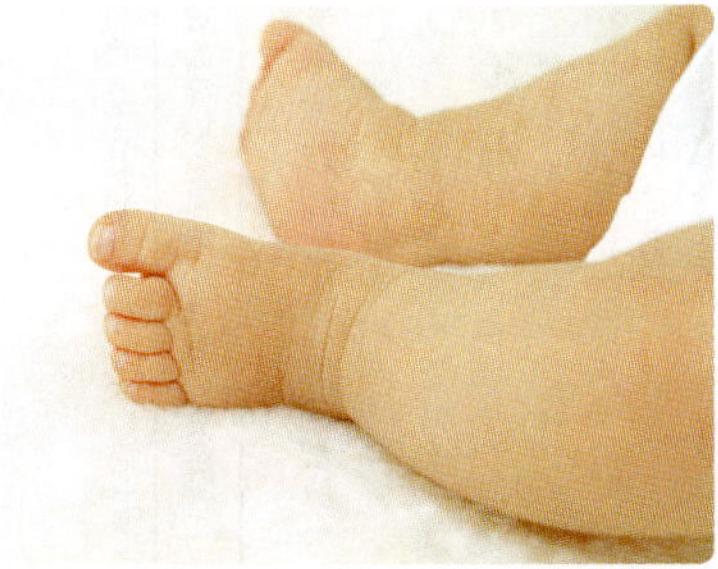

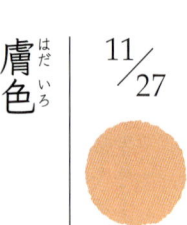

11/27

自活力
現実主義
正直

膚《はだ》色《いろ》

浅いオレンジ色

現象から本質を導き出す理論派

正直な人です。地に足がついている感じで、現実的で自活力があります。複雑なことを秩序正しく体系化する力があり、現象から本質を導き出すのが得意です。膚色と相性のよい色は寒色系のパステルトーン、向いている職業は工芸家や通訳などです。

例》その人は檜《ひのき》の工芸家です。「檜の香りに魅了されて家具や小物にそれを使っています。直径が30センチに育つまでに檜は50年、杉なら30年です。また翌檜《あすなろ》（ヒバ）は４５０年もかかります。この木だけは白アリがつきません」とその人はいいます。その人はその翌檜にも引かれています……。

11/28

現実主義
実践
懐疑

サンタン

日焼けした肌のようなにぶいオレンジ色　suntan

充分に見定めないと気がすまない実践者

現実主義者で実践的です。口先だけで何もしないことを好まず、実地を踏んで経験し、自分の目で確かめないと気がすみません。何ごとも疑い深くなりがちなところは注意が必要です。サンタンと相性のよい色は寒色系のパステルトーン、向いている職業は小説家やコンピュータのプログラマーなどです。

例》その人は小説家です。執筆中はいつも時間が足りず、1日が48時間あればいいと思っています。「作中人物に本気で恋をしないと、本当によい作品は書けないのです」とその人はいいます……。

11/29

ブリックレッド

自信
集中力
自力

レンガのような色　brick red

失望や落胆を嫌う慎重派

どんな仕事でも自分でやりとげようとします。それだけに自分だけに任せられた仕事には、すさまじいほどの集中力をもって対応していきます。失望や落胆を嫌い、少し慎重すぎるところがあります。ブリックレッドと相性のよい色は黄、黄橙、向いている職業は料理研究家や校正者などです。

例》その人は料理研究家です。「都会ではサラダというとなぜか年中キャベツの千切りにトマトをちょっと添えたもの。もっと食べ物には表情があると思うし、ぬくもりのある食べ物って大切だと思うんです」とその人はいいます……。

11/30

枯《かれ》葉《は》色《いろ》

信念
基礎
信頼

黄色味のブラウン

自分をしっかりと保つことができる信念の人

異彩を放つような人の好意やきらびやかなものなど、人びとに強い影響を与えるものであっても心を動かしません。自分の信念が確立し、基礎がしっかりしているからです。そのため、多くの人びとから信頼されます。枯葉色と相性のよい色は、寒色系のパステルトーン、向いている職業は作家や探偵、弁護士などです。

例》その人はミステリー作家です。「誰もが思い描く典型的な小説の世界をいい意味で裏切っていきたいと思っています。ジャンルがハッキリしない、それなのに作品の中には個性の強い登場人物が動いている……そのような小説を書きたい」とその人はいいます……。

December 12

5	6	7
Y60 C40 M40 B70	Y40 C10 M16 B0	Y40 C10 M10 B0

12	13	14
Y40 C0 M50 B0	Y50 C0 M60 B0	Y95 C0 M90 B0

19	20	21
Y60 C30 M80 B0	Y30 C30 M50 B50	Y0 C24 M40 B0

26	27	28
Y60 C30 M48 B0	Y40 C30 M20 B0	Y100 C20 M40 B0

No.		
1	Y30 M20	C10 B0
2	Y50 M30	C20 B0
3	Y80 M68	C50 B0
4	Y60 M40	C40 B60
8	Y60 M36	C30 B0
9	Y70 M40	C30 B0
10	Y50 M40	C30 B40
11	Y25 M30	C0 B0
15	Y50 M75	C30 B0
16	Y20 M20	C0 B0
17	Y30 M30	C10 B0
18	Y54 M60	C30 B0
22	Y20 M60	C60 B0
23	Y30 M70	C70 B0
24	Y30 M100	C90 B70
25	Y30 M100	C90 B80
29	Y50 M30	C30 B0
30	Y100 M70	C30 B0
31	Y30 M10	C100 B0

12/1

亜《あ》麻《ま》色《いろ》

友人
質実剛健
礼儀

亜麻糸のようなベージュ色

不礼を嫌う威厳ある人

浮かれた騒ぎや大声、見せびらかす行為など非礼なことをひどく嫌います。自分のそばにたとえ数人でも、本物の友だちがいれば満足するタイプです。質実剛健をモットーとする威厳のある人です。亜麻色と相性のよい色は寒色系のパステルトーン、向いている職業はグラフィックデザイナーやアニメーターなどです。

例》その人はグラフィックデザイナーです。「いつも笑顔を心がけています。イヤなことや辛いこと、何があっても、とりあえずニッコリ笑ってみます。すると、不思議に〝じゃあ、次は頑張ろう〟という前向きな気持ちになるのです」とその人はいいます……。

12/2

ハニースィート

のんき
向上心
文化

にぶい赤味の黄色　honey sweet

安心感を保証するものに引かれる人

のびのびと、のんきに過ごすことが好きです。文化的なことに強い関心を示し、自分を高めるものに興味を抱き、高級で豪華な品質の確かなものに安心感を得ます。ハニースィートと相性のよい色は寒色系のパステルトーン、向いている職業は園芸家や古美術商などです。

例》その人は園芸家です。とくに花の栽培には定評があります。可憐に、清楚に、鮮やかに、優美に……、四季折々に咲く花々はその人の化身のよう。自然の生命が放つエネルギーで周囲の人びとの心を癒します。「いつも花にかこまれて生活したい」とその人はいいます……。

12/3

本質
実践
実績

栗《くり》梅《うめ》

栗色の赤味のブラウン

空想にふけるより実践する人

空想にふけっているより、実践に移すタイプです。社会の変化に動揺することはなく、本質を見すえて着々と実績を重ねていきます。ルーチンワークなどにもうんざりすることはありません。栗梅と相性のよい色は黄色、向いている職業は写真家や裁判官などです。

例》その人は写真家です。モチーフは花。黒いバックにアップで写っている花はどれも、優しさ、可憐さ、繊細な美しさなど、それぞれ個性的な表情が、みずみずしい生命力とともに表現されています……。

12/4

個性
毅然
社交的

タウニーオリーブ

黄色がかったオリーブ色　tawny olive

大胆で勇気ある人

社交的に振る舞うのが苦手ですが、ひとたび友人をつくると生涯のつきあいになります。個性が強く毅然としていて、ものごとに対して大胆です。タウニーオリーブと相性のよい色は黄色、向いている職業は造形作家や彫刻家などです。

例》その人は造形作家です。都会で育ったせいか、自然へのあこがれが強く自然が大好き。どこにでもあるようななんでもない草や木からも、どんどんイメージが広がっていきます。そして自然から受けとったメッセージを表現していくのです……。

12/5

黒紫《くろむらさき》

暗い灰色味の紫

貯蓄
信念
慎ましさ

流行を気にしない教養の深い学者タイプ

自分の仕事に黙々と専念します。教養はたいへん深く、貯蓄を心がける慎ましい生活を送る学者タイプです。流行を気にすることなく、自分の確固たる信念を持っています。黒紫はどんな色味のある色とも調和し、向いている職業は新聞記者や研究者、看護師などです。

例》その人は新聞記者です。世界中のどの土地にも、それぞれの風土、産業、暮らしに根ざした常識、価値観、ものの見方があってとまどうこともありますが、いつもその人に新鮮な気持ちを与えてくれます。それと同時に、ほんの数日間の滞在で記事を書くことの怖さを感じます……。

12/6

シトロングレイ

シトロンの黄色味がかったグレイ　citron grey

才気縦横
機知
愛情

途方もない夢を抱く感性豊かな人

公私にわたりたくさんのテーマをつくりだし、夢を抱きます。判断力、機知に富み、人の話をよく理解して楽しい会話ができる人です。感性が豊かで愛にあふれています。シトロングレイと相性のよい色は寒色系の明色で、向いている職業は評論家やスタイリストなどです。

例》その人は古典芸能の評論家です。大学時代の能楽サークルの先輩で、卒業後もそのまま修業を積んでプロの能楽師になった人を追っています。謡《うたい》や和楽器演奏、歌舞伎などの古典芸能には日本人の心に合う響きがあり、とくに見得《みえ》を切った姿が美しいと思っています……。

12/7

ペールライムライト

屋外
外向的
気前

薄い緑味の黄色　pale limelight

汗水を流して働くまじめな人

屋外で汗を流して働く生活を好みます。人と会うことが大好きで、とくに機転がきく外向的な人に引かれます。気前がよいので、甘い言葉には要注意です。ペールライムライトと相性のよい色は寒色系のパステルトーン、向いている職業はバレエダンサーやファッションモデルなどです。

例》その人はバレリーナです。「納得いく練習量をこなしていれば、絶対に満足のいく踊りができると思っています。腰もヒザもひと通り痛めて強くなりました」とその人はいいます。ブルガリアのダンサーとも共演したこともあり、今、とても充実しています……。

12/8

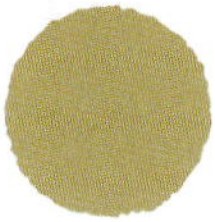

菜《な》種《た》油《ね》色《いろ》

日常
泰然自若
信頼

暗い黄色

気持ちにむらがなく信用を集める人

気持ちのむらがなく感情を露骨に表しません。日常のささいなことを丹念に見すえて取り組む姿勢をとります。また、落ち着いた人柄が信頼されています。菜種油色と相性のよい色は寒色系のパステルトーン、向いている職業は料理研究家や保育士などです。

例》その人は料理研究家です。大どんぶりで家族の分を一度につくる〝ジャンボ茶わん蒸し〟は得意技。はまぐりを入れたり鶏ガラスープを使ったりの本格派ですが、レシピを一度覚えてしまえば、誰でも簡単につくれると評判です……。

12/9

オイルイエロー

安定
冷静沈着
貫徹

暗い黄色　oil yellow

困難な境遇にも動揺しないしっかり者

どっしりと安定した人柄です。どんな危機や困難にあっても冷静さを失わずに対応します。ひとたび決心したことはどんな障害があってもたじろぐこともなく、なしとげます。オイルイエローと相性のよい色は黄、向いている職業は絵本作家や通訳などです。

例》その人は絵本作家です。絵本は文字でいろいろ説明しないぶん、読み手が自由にイメージをふくらませることができます。その人の絵本は文字のないものが多いのですが、驚くほど饒舌《じょうぜつ》です。その人の絵本を読んでいると、子どもから大人まで空想の世界で遊ぶことができます……。

12/10

ブロンズ

保守的
実践派
行動力

ブラウン味のオリーブ色　bronze

人目につくことを嫌う控えめな人

保守的で控えめな性格です。夢想家であることを好まず、自分にふりかかる問題をじっくり考えて現実的に解決していきます。一見消極的に見えますが、頼もしい行動力があります。ブロンズと相性のよい色は黄、向いている職業は弦楽器奏者やメイクアップアーティストなどです。

例》その人はハープ奏者です。「ハープの音色は楽器の中でもとくに心地よく倍音が響くから聴いて眠くなるのは当たり前。ハープの演奏を聴いていているとリラックスしてくるんです」とその人はいいます……。

12/11

シーシェルピンク

清潔
ロマンチック
かわいらしさ

薄い黄色味のピンク　sea shell pink

身のこなしすべてに優雅さを漂わす人

清潔感と優しさにあふれ、いつもロマンチックな気分に包まれています。洗練された着こなしでかわいいシルエットを見せてくれます。シーシェルピンクと相性のよい色は寒色系のパステルトーン、向いている職業はフラワーアーティスト、美容師などです。

例》その人はフラワーアーティストです。「食卓に置く花は、どの方向からでもきれいに見えるようにアレンジすることが基本です。花はアレンジによって顔や表情を変えるので、毎日がとっても刺激的」とその人はいいます……。

12/12

鮭《さけ》色《いろ》

ユニーク
決断力
積極性

困難を恐れず行動するアイデアマン

アイデアがたいへんユニークで、きっぱりとした強い決断力を持っています。どんな困難でも恐れることなく積極的に行動し、歯切れがよくだれが見ても気持ちのいい身のこなしをします。鮭色と相性のよい色は白、向いている職業は舞踊家やイベントプランナーなどです。

例》その人は琉球舞踊家です。「琉舞にはどんな演目にも花があります。人生にも花がなくては生きていけません。花を求めて生きる、求めても求めきれない花を追いかける……。完成はないんです」とその人はいいます……。

12/13

洗朱《あらいしゅ》

移り気
優しさ
人間関係

明治時代の和装の模様で使った強い黄色味のピンク

人に大きな楽しみを与える気まぐれ者

気まぐれで移り気です。そのため今現在の友が最善の友といわれるほど。人づきあいはよく人に楽しさを与え、優しさを残します。洗朱と相性のよい色は寒色系のパステルトーン、向いている職業はコンサルティングの仕事などです。

例》その人は結婚相談所の所長です。「何がなんでも結婚すべき、結婚したら子どもを持つべき、男は働くもの、家事は女の仕事……など、あまりにも世の男性たちはとらわれています。それが価値観の多様化している現実と合わなくなっているのです」とその人はいいます……。

12/14

朱《しゅ》色《いろ》

社交的
人脈
緩急自在

冴えた赤

そこにいるだけで魅力を発散する人

社交的で人脈づくりが上手です。人物自体が魅力的なので人からの協力を得ることができます。人との対応では緩急を自在に使い分け良好な人間関係を築きあげます。朱色と相性のよい色は寒色系のパステルトーン、向いている職業は建築家やコピーライターなどです。

例》その人は建築家です。ゆとりのある空間を提唱します。「ゆとりを求める心があってこそ、ゆとりの空間が生まれます。床の間に花を生けたり、掛け軸などを飾って楽しむ家もあれば、そこがテレビや箪笥《たんす》の置き場になっている家もあります」とその人はいいます……。

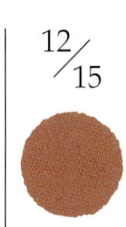

12/15 バーントオレンジ

衝動的
情緒
表現力

濃い赤味のオレンジ　burnt orange

いつも気持ちが外に向かうスポーツタイプ

外向的なスポーツタイプの人で、人の反対を恐れません。また、情緒が豊かであって、衝動的でもあるため表現力がすぐれています。ひとりでほうっておかれると寂しがります。バーントオレンジと相性のよい色は寒色系の明色、向いている職業は作家や新聞記者などです。

例》その人は女性作家です。現実と夢が錯綜する演劇のワンシーンを見ているような文章を書きます。そして、その舞台の片隅には、常にナイーブな少女の姿そのままのその人がたたずんでいるのです。その切なくなるまでの叙情性がその人の魅力です……。

12/16 ベージュホワイト

理性
忍耐
思いやり

beige white

自分の力で危機から脱却する勇者

理性に恵まれ、困難や逆境、危機にも忍耐強く、独力で抜け出すことができます。他人に対してはいつも優しく、思いやりをもって接してくれます。心配に対する最もよい対策とは忍耐と勇気であると考えています。ベージュホワイトと相性のよい色は寒色系のパステルトーン、向いている職業は舞台俳優や弁護士などです。

例》その人は劇団の女優です。「舞台は役者の体調や気分によって変わります。いつもベストの状態を保っていなければいけないのが大変です。また、相手役を好きか嫌いかなんていってられない」とその人はいいますが、優しく思いやりのあるその人は劇団員から人気があります……。

12/17

ベージュ

バランス
人なつこさ
温かさ

beige

まわりの人を明るくする存在の人

親切で良識あるバランスのとれた人柄で、生まれつき学問や芸術の才能に恵まれています。人なつこく、まわりの人たちに明るく接し、その温かい心は忘れがたい印象を与えます。ベージュと相性のよい色は寒色系のパステルトーン、向いている職業は獣医や学者、管楽器奏者などです。

例》その人は獣医です。動物好きなら誰でも、動物とのふれあいがいかに心を慰め、孤独感を癒し、ストレス解消に役立っているかを知っています。このことをその人はアニマル・セラピーと呼んで提唱しています……。

12/18

ブラウンゴールド

清純
感情の隠蔽
夢を追う

brown gold

とりとめのない夢を追う心の温かい人

清純な心の持ち主で、いつも楽しいことを考えています。感情を隠しがちですが、人に対しては温かく接します。時としてとりとめのない夢を追ってしまうこともあります。ブラウンゴールドと相性のよい色は白、向いている職業は建築家やインテリアコーディネーターなどです。

例》その人は女性の改装業者です。部分的な補修から、キッチンや収納の改善、中古住宅やマンションの改装まで手がけます。「改装はお客様の家の中でする仕事ですから、女性であることがむしろ好都合なこともあります」とその人はいいます……。

12/19

飴色《あめいろ》

濃いオレンジ

学問
家庭
精神的充足

頑固で自分勝手な人を嫌う正直な人

家庭を大切にし、そこから平和と幸せを見いだします。教養が深く学問を愛する人で、正直で精神的充足を好むため、物質的充足をひけらかしたりするような人や、利己的な人をひどく嫌います。飴色と相性のよい色は寒色系のパステルトーン、向いている職業は工芸家やテキスタイルデザイナーなどです。

例》その人は漆工芸家です。その人のつくるお椀は、まるで窯《よう》変《へん》した焼き物のうわぐすりのように漆が流動していて、とても野性的です。その人がめざすものは、今までにある漆を使った作品のイメージを一新するようなものをつくることです……。

12/20

ヒーザー

スコットランドに多く咲く花のにぶい紫　heather

安定感
信念
活路

楽しさを求めるユーモア人

肉体的にも精神的にも安定感があります。堅固な信念に立って問題を見すえ活路を見いだす力があり、ストレスをうまくかわす特技もあります。ユーモアがあり、常に楽しいことを考えています。ヒーザーと相性のよい色は寒色系の明色、向いている職業はクラフト作家や公認会計士などです。

例》その人はクラフト作家です。木を使っておもちゃやオブジェをつくります。プラスチック製品の出現で、木製のものが衰退しはじめ、コツコツと積み重ねてきた匠《たくみ》の技も消えかけています。木と人との共存を少しでも次の世代に伝えられたらと思っています……。

12/21

リラ

高尚
上品
明晰

ライラックの花のような色　lilas仏

心身ともに洗練された人

高尚な趣味を持ち、態度は上品です。論理は明晰で、外見も中身も洗練されたスタイルを確立しているので、香るような雰囲気を持っています。リラと相性のよい色は白と暖色系の明色、向いている職業は評論家やフリーライターなどです。

例》その人は舞台芸術の評論家です。オペラ、能などあらゆる舞台に強い好奇心を覚え、積極的に鑑賞を重ねています。かなり専門的な内容なのですが、それでいてだれにでもわかりやすいその人の評論には定評があります……。

12/22

ヘリオトロープ

感性
高貴
若々しさ

ヘリオトロープの花の明るい紫　heliotrope

ロマンチックな気分に満たされた人

育ちがよく、卑劣なことを嫌います。感性が若々しく豊かで高貴な雰囲気があり、いつもロマンチックな気分に満たされています。ヘリオトロープと相性のよい色は白と暖色系の明色、向いている職業は研究者や裁判官などです。

例》その人はコーヒーの専門家です。「紀元前5世紀のエチオピアの高原（現在モカの産地）でのことです。赤い実を食べた羊たちが楽しそうに飛び跳ねていたことから、羊飼いの少年がコーヒーの持つカフェインの効果に気づきました」とその人はいいます……。

12/23

神秘的
芸術的
哲学的

菖蒲《あやめ》色《いろ》

アヤメの花のやや青味の紫

おとぎの国の生活を夢見る人

たえず教養を深め、洗練されることを願っています。顔立ちは優美で、柔らかい肌に恵まれています。おとぎの国のような生活を夢見ます。神秘的、芸術的、哲学的のどれかに当てはまる人です。菖蒲色と相性のよい色は白と暖色系の中間色、向いている職業はインテリアデザイナーや航空機の客室乗務員などです。

例》その人はインテリアデザイナーです。「日本では古代、神との交信に鏡が使われていました。それにもかかわらず日本人は鏡の活用が不得意。欧米ではちょっとした空間にも鏡をあしらっています。欧米並に鏡を活かすことが目標」とその人はいいます……。

12/24

保守的
厳粛
安心感

エッグプラント

ナスの暗い紫　eggplant

まじめで真剣に行動するしっかり者

やや保守的なところがあります。機知に富み、まじめな考え方をし、真剣に行動するので信頼を集めます。一見厳粛な感じがするのでかえって人に安心感を与えます。エッグプラントはどんな色味のある色とも合います。向いている職業は研究者や国税専門官、刑務官などです。

例》その人は気功研究家です。「とりわけ花の気を取り入れることを大切だと感じています。そのためには、自分の悪いところに意識を集中して、花の気が入り込んでいく様子をイメージしながら、大きく深呼吸することです」とその人はいいます……。

12/25
茄《な》子《す》紺《こん》

心配性
審美眼
洗練

世間から目をそらす引っ込み思案の人

心配性で少し悲観的なところがあります。ときに天才的審美眼を持ったり、洗練されたタイプの人もいて、芸術や文化方面に才能を発揮します。少し引っ込み思案で世間から目をそらしがちなところがあります。茄子紺はどんな色とも合います。向いている職業は料理研究家や作家などです。

例》その人は紅茶の専門家です。「紅茶の産みの親は中国、育ての親は英国です。世界3銘茶とはダージリン（インド）、ウバ（スリランカ）、キーマン（中国の祁門《キーメン》）。紅茶の歴史が浅い日本ではその楽しみ方もこれからです」とその人はいいます……。

12/26
ゴールド

gold

理想
おおらか
花形

強力な保護者になるしっかり者

豊かな人柄で、おおらかな人徳の持ち主です。いつも花形や大立て者をめざし、至高の理想を掲げます。他人に対しては強力な保護者となることのできる人です。名誉と善行に思いをめぐらせています。ゴールドはほかの色のアクセントとして使うのがもっとも有効的です。向いている職業は外交官やファッションデザイナーなどです。

例》その人は外交官です。現在、ある国の大使館に勤務しています。仕事と家庭、どちらもその人にとっては大切なものです。激務のため、毎日をいかに元気で過ごすかがその人にとってのカギなのです……。

12/27

サロー

威厳
自己愛
自責

ねこやなぎの花の色　sallow

自分自身を財産だと思える自信家

威厳に満ちた地位を望みます。夢が壊れると自分を必要以上に責めることもありますが、基本的に自分自身を財産だと自覚しています。浪費癖があるので注意が必要です。サローはアクセントカラーとして効果的です。向いている職業は香道家や茶道家などです。

例》その人は「香道」の師範です。「香道は平安時代の貴族の優雅な遊びにそのルーツを持ち、室町時代に確立されました。現在はあまり知られていない香道ですが、香を焚いているときは本当に優雅な気持ちになれる」とその人はいいます……。

12/28

ジョーンミエル

誇り
見識
気まぐれ

蜜のような色　jaune miel仏

財産に恵まれた太っ腹な人

偉大な人物で自分の役割に値するような太っ腹です。世間では気まぐれに見られることもありますが、見識が高く、誇りがあります。また財産に恵まれます。どうすれば有意義な人生を送れるか常に考えています。ジョーンミエルはワンポイントカラーとして使うと効果的です。向いている職業はグリーンドクターや造園家などです。

例》その人はグリーンコーディネーターです。「植物は人の心に敏感に反応します。その証拠に、植物を少し疲れさせてしまったとき、優しい声で話しかけ、なでてあげると、翌日はイキイキします」とその人はいいます……。

12/29

マスタード

静穏
調和
エコロジー

からし色　mustard

慈愛に満ちた世界観の持ち主

宗教に傾倒しがちで、生活に静穏を求め、調和のとれた社会関係を望みます。また慈愛に満ちた心の持ち主で、エコロジー的発想をもとに着実に行動に移します。マスタードはアクセントカラーとして使うと有効な色です。向いている職業はポプリ研究家や宗教家などです。

例》その人は芳香研究家です。「受験勉強でカリカリしていたとき、ふと部屋の隅に置いた花瓶のスイセンの香りが漂い、なんともいえぬ安らぎを感じたことがありました。それがこの世界に入ったきっかけ。花にはいろいろな効能があります。キクは頭痛や疲れ目に、ジャスミンはストレス解消に効果があります」とその人はいいます……。

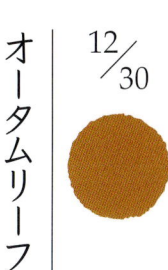

12/30

オータムリーフ

奥義
自信
ロマンチック

紅葉した木の葉の濃いオレンジ　autumn leaf

多くの人の後ろ盾となる人

常にものごとの奥義を究め、自分は値打ちのある人物だという自信に満ちています。貧富にかかわらずロマンチックで、いつも周囲から最高の自分であると評価されたいと願うのです。多くの人の〝後ろ盾〟となります。オータムリーフはアクセントカラーとして使うと効果的です。向いている職業は音楽家や俳優などです。

例》その人は筑前琵琶奏者です。『平家物語』の「祇園精舎の鐘の声、諸行無常の響きあり……」。栄華を極めて滅びていった平家一族の悲哀をくっきりとイメージし、琵琶で演奏すると聴衆は涙するのです……。

12/31

ターコイズブルー

精神力
超俗性
先見性

トルコ石の青味がかった色　turquoise blue

個性的に円満な人格者

高度な精神力、超俗性、霊性を生得しています。個性的ですが円満なことを望みます。言動・行動のすべてに先見の明があるので、カリスマ的存在になります。ターコイズブルーと相性のよい色は白、向いている職業は俳優や料理研究家、ノンフィクション作家などです。

例》その人は俳優です。「演じるということは、いかに役になりきるかということです。肉体を通して、声で、表情で、皮膚感覚で、その役を表現しますが、次はきっとこういうセリフをいうのではないか、と観客のだれもが思うぐらいにその役になりきらなければならないのです」とその人はいいます……。

あとがき　色を上手に使うために

時に、色彩は言葉、文字、図形よりもすぐれた情報伝達の手段となります。色彩によりサイン、メッセージを伝える相互作用をカラー・コミュニケーション（color communication）といいます。

たとえば、黄色はあるものを実際よりも大きく見せたり、人を陽気にさせて笑わせる喜劇の色で、コミュニケーションの効率を高める色です。登校拒否の〝はにかみ屋〟の子どもに黄色のシャツを着せたところ、すぐにその〝はにかみ〟がなくなり、それ以来黄色が大好きになり、内向的な性格を克服しました。

色に対する嗜好とは、ある色を使って満足したいという欲求の表れであり、言葉以上にハッキリしたメッセージを伝えます。

たとえば、時間やエネルギーを傾注して仕事などに精一杯奮闘しすぎると、シルバーグレイのスーツを着たくなるものです。シルバーグレイは着用する人の筋緊張やストレスを急速に改善してくれるからです。これは言葉では表すことのできないカラーメッセージを伝えています。どんな心理状態で、またどのような願望があるかでその日着る服などの色が決まってくるのです。

私たちの皮膚はある色だけを吸収し、他の色を拒否する能力を持っています。目で色を見ることから独立して皮膚は皮膚の好きな色を吸収し、嫌いな色を拒否するのです。他方、私たちの個性が異なるように、各個人の色彩の嗜好も異なっています。それぞれの色彩の意味を知れば、もっと意識的な方法で、これらの色彩のエネルギーとはたらきを活用し、幸福になることができるのです。色彩の好き嫌いを尋ねることはすなわち、その人の個性を尋ねることを意味します。

誕生色とは別に、自分色（identity color）は年を経るごとに変わってきます。自分色の変化は、その人物の個性の変化です。３６６日の誕生色については、なるべく実例を多くし分かりやすく書いたつもりです。

本書は誕生色に対する最初の試みであり、著者の非才による不十分な点はご宥恕《ゆうじょ》いただくとともに、今日のカラー時代に生きる読者諸賢にとって、いささかのお役に立ち発展の一助となれば幸いです。

参考文献

Faber Birren ; "Color Psychology and Color Therapy",1961.

Faber Birren ; "Light,Color and Environment",1969.

Linda A.Clark ; "Color Therapy",1975.

Edwin D.Babbitt ; "The Principles of Light and Color",1925.

M.Luckiesh ; "The Science of Seeing",1937.

Blake Daniels Prescott ; "The Psychological Analysis of Light and Color",1942.

Harold Francis Blum ; "Photodynamic Action and Diseases Caused by Light",1941.

Carl.G.Jung ; "The Integration of the Personality",1939.

Betty Wood ; "The Healing Power of Color",1985.

S.G.J.Ouseley ; "The Power of the Rays",1951.

野村順一『商品色彩論』千倉書房、１９６６

野村順一『カラー・マーケティング論』千倉書房、１９８３

野村順一『マーケティング論』改訂増補、千倉書房、１９９４

野村順一『色彩効用論（ガイアの色）』住宅新報社、１９８８

野村順一『色彩生命論（イリスの色）』住宅新報社、１９９６

野村順一『色の秘密』増補、文藝春秋、ネスコ、１９９４

野村順一『謎解き色彩学』（ワニ文庫）、ＫＫベストセラーズ、１９９６

野村順一『色彩幸福論』ブックマン社、１９９６
野村順一「茶碗、色の秘密」淡交別冊『茶碗』淡交社、１９９１
野村順一「侘びの色彩を科学する」『淡交』淡交社、１９９３ ８月号
野村順一「光の不思議」東洋大学経営学部『経営論集』43号、１９９６ ３月号
(財)日本色彩研究所編『色名事典』日本色研事業、１９７９
梶山健編『世界名言事典』新版、明治書院、１９８８
三澤千代治『情断大敵』角川書店、１９９１
堀威夫『いつだって青春―ホリプロとともに30年』東洋経済新報社、１９９２
阿部武彦編『asunaro』肌粧品科学開放研究所、１９９４
西脇龍宏編『はつらつ』保健同人社、１９９４
(財)日本色彩研究所編・著"Color Tone Manual"日本色研事業、１９７９
逓信ＰＲセンター『ホームコンサルタント』No.171～180

INDEX

あ

か

さ

は

ま

や

ら

わ

単行本『３６６日誕生色事典』ブックマン社　一九九七年四月刊
＊文庫化にあたり改題し、本文を再構成しました。また単行本と同じく「大日本インキ化学」のカラー・チャートを参考にしました。

本文デザイン　斎藤深雪
本文写真　斎藤深雪
上村美鈴
中井明美

文春文庫 PLUS

誕生《たんじよう》色《しよく》事《じ》典《てん》

「色《いろ》の秘《ひ》密《みつ》」366日《にち》

2006年5月10日　第1刷
2006年5月20日　第2刷

著　者――――野《の》村《むら》順《じゆん》一《いち》

発行者――――庄野音比古

発行所――――株式会社文藝春秋
東京都千代田区紀尾井町3-23　〒102-8008
電話　03-3265-1211
文藝春秋ホームページ　http://www.bunshun.co.jp
文春ウェブ文庫　http://www.bunshunplaza.com

印　刷――――凸版印刷

製　本――――加藤製本

落丁、乱丁本は、お手数ですが小社製作部宛お送り下さい。送料小社負担でお取替致します。
定価はカバーに表示してあります。

ISBN4-16-771303-9

文春文庫

文春文庫 PLUS

品切の節はご容赦下さい。

野村順一

色の秘密 最新色彩学入門

人はピンクで若返り、黒い服はシワを増やす。目や皮膚を通してその心理に働きかけ、生死をも左右する色の謎を科学的に解明した商品色彩学の権威、商学博士の現代人快適生活のススメ。

P20-21

文藝春秋編

教科書でおぼえた名詩

僕の前に道はない…春眠暁を覚えず…戦後の日本の中学、高校の国語教科書千五百余冊から精選した詩、短歌・和歌、俳句二百五十篇の国民的愛唱詩歌集。うろおぼえ索引、作者・題名索引付。

P50-18

志賀夘助《うすけ》

日本一の昆虫屋 志賀昆虫普及社と歩んで、百一歳

新潟の極貧家庭に生まれ、苦労の末、上京、昆虫標本屋に奉公し、二十八歳で「志賀昆虫普及社」を創設。昆虫一筋、昆虫標本用具などの開発にも心血を注いだ百一歳翁の波瀾万丈の人生。

P40-17

半藤一利編

太平洋戦争 **日本軍艦戦記**

日米両海軍が決死の覚悟で記録した写真でたどる「太平洋海戦史」をはじめ、大和、武蔵、金剛、榛名といった懐かしの「日本海軍名艦総集」「大海戦名将録」等、太平洋戦争海戦史入門。

P40-21

柴田曜子

尾崎豊 夢のかたち

少年少女の代弁者にまつり上げられ、信頼する人々に裏切られ、覚醒剤に救いを求めて破滅していった孤独な〝カリスマ〟の実像に、彼自身やスタッフ、ファンの声を通して迫った鎮魂の書。

P50-1

安西知津江

私は指をつめた女

平凡なサラリーマンの家で育った主人公が、ひょんなきっかけでヤクザの姐さんとなり、入れ墨を入れ、三度も指をつめた挙句、カタギの世界へ戻る疾風怒濤の半生を赤裸々に淡々と語る。

P50-2

品切の節はご容赦下さい。

オイシイ韓国、極上のソウル 男性篇
Title・about・芦部聡編

男のソウルはこうしてキメる。安くてウマい韓国料理店から、ピンクのネオンも妖しい夜の街まで。徹底取材を誇る日韓のストリートマガジンによる最もディープなソウル・ガイドブック。

P40-8

ビジネス戦国武将占い
週刊文春編

中国四千年の歴史を持つ占学「四柱推命」をベースにした新しい理論「現代推命学」をビジネスマン向けにアレンジ。十二人の戦国武将たちの生き方に現代日本のサバイバルの知恵を得る。

P40-13

傑作ミステリーベスト10 20世紀総集完全保存版
週刊文春編

二〇〇〇年「週刊文春　傑作ミステリーベスト10」に加えて、過去二十四年間の「傑作ミステリーベスト10」から「ベスト・オブ・ベスト」を選出した、ミステリーファン待望の一冊！

P50-5

週刊文春　てこずるパズル
ニコリ編著

平成五年正月にスタートした「週刊文春」人気連載の集大成。一般からマニア対象、難題クロスワードや81のマス目を数字で埋める「数独」他、選りすぐった8種100作掲載。超難問新作も収録。

P40-14

激辛　漢字パズル
ニコリ編著

日本一のパズル制作集団による難易度5の新作パズル七種五十題。文庫判サイズの限界に挑戦したマス千五百個の超大型クロスワード、難読尻取り他〝漢字博士チャンピオン〟の傑作も収録。

P40-19

不思議な漢字 意外と知らない日本語の謎
志田唯史

河豚はなぜ「海のブタ」じゃないのか？　処（ところ）の女と書いて、なぜバージン？　「敗北」に「北」を使う理由とは？　素朴な疑問に、字源・語源の用例を駆使して、明解に答える。

P40-15